Redação linha a linha

Redação linha a linha

THAÍS NICOLETI DE CAMARGO

Textos analisados em detalhes para você aprender a escrever melhor

PUBLIFOLHA

Assistência editorial
Juliana Doretto, Soraia Bini Cury

Revisão
Luciana Lima, Mário Vilela, Norma Marinheiro

Índice
Celso de Campos Júnior

Capa e projeto gráfico
Didiana Prata e Renata Marques (Prata Design Gráfico)

Assistência de produção gráfica
Guilherme Macabelli, Soraia Pauli Scarpa

Editoração eletrônica
Renata Marques (Prata Design Gráfico)

Foto da capa
Charles Gullung/Photonica

Dados internacionais de Catalogação na Publicação (CIP)
(Câmara Brasileira do Livro, SP, Brasil)

Camargo, Thaís Nicoleti de
Redação linha a linha / Thaís Nicoleti de Camargo. – São Paulo : Publifolha, 2014.

4ª reimpr. da 2ª ed. de 2010.
ISBN 978-85-7402-546-9

1. Caderno Fovest (Folha de S.Paulo) 2. Português – Gramática 3. Português (Vestibular) 4. Português – Problemas, exercícios etc. 5. Português – Redação (Vestibular) I. Título.

04-0391 CDD-469.8

Índices para catálogo sistemático:
1. Redação : Português : Linguística aplicada 469.8

Este livro segue as regras do Acordo Ortográfico da Língua Portuguesa (1990), em vigor desde 1º de janeiro de 2009.

PUBLIFOLHA
Divisão de Publicações do Grupo Folha
Al. Barão de Limeira, 401, 6º andar,
CEP 01202-900, São Paulo, SP
Tel.: (11) 3224-2186/2187/2197
www.publifolha.com.br

Este livro foi composto na fonte Formata e impresso em outubro de 2014 pela Cromosete sobre papel offset 90g/m².

Sumário

Apresentação

Escrever, hoje, é uma necessidade para muitos profissionais e para estudantes que se veem às portas da universidade. Num mundo cercado de informações, a capacidade de organizar as ideias por escrito é cada vez mais uma exigência do mercado de trabalho. Além disso, é um indicador do grau de amadurecimento intelectual daquele que pretende ingressar no ensino superior. Por isso, a competência para fazer uma redação é cobrada tanto dos vestibulandos como daqueles que concorrem às melhores colocações no mercado de trabalho.

Apesar do consenso a respeito da importância de saber escrever, a tarefa de orientar o iniciante no caminho do aprimoramento de seu texto é um desafio. O risco de se deixar levar pela subjetividade talvez seja o maior deles. Como toda criação é sempre original, não a reprodução de um modelo, é natural que sejam numerosas as respostas possíveis a um mesmo tema, mas isso não significa que não haja limites de adequação. E procurar estabelecê-los não é ser subjetivo nem parcial.

Não é difícil que haja semelhança na abordagem de um mesmo tema por estudantes, o que constitui um reflexo da maneira como apreendem o mundo em que estão inseridos – muitas vezes cedendo à opinião mais corriqueira, mais fácil, mais imediata. É importante que o ponto de vista de cada um seja respeitado, mas a opinião deve ser o resultado de um processo, de um raciocínio fundamentado em conhecimento e em associações coerentes.

Para escrever bem, portanto, é preciso ler, adquirir informação e, sobretudo, aprender a pensar. Seria ingenuidade acreditar na existência de um conjunto de técnicas que, milagrosamente, levariam alguém a redigir bem. Na verdade, a prática constante a que todos nos devemos submeter é a da leitura crítica do mundo, esse o verdadeiro caminho para o exercício da cidadania.

Este livro, que nasceu de um trabalho que vem sendo desenvolvido no caderno "Fovest", da *Folha de S.Paulo*, com redações de leitores, pretende proporcionar um apoio – mais prático que teórico – àqueles que sentem dificuldade para escrever e aos professores de redação. Foram compiladas as redações analisadas e publicadas nos anos de 2002 e 2003, com as intervenções assinaladas nos originais e o comentário sobre cada uma delas. Acrescentou-se a esse material uma reformulação do texto original, que incorpora não só as correções de cunho gramatical apontadas inicialmente como também sugestões de encadeamento das ideias, de reformulação de parágrafos, de alteração de vocabulário e, eventualmente, o acréscimo ou a supressão de algum trecho. O objetivo do trabalho de recriação é mostrar que sempre é possível melhorar um texto, reforçando seus aspectos positivos e minimizando os negativos.

Centrado na correção de redações de estudantes – enviadas ao jornal em resposta a temas previamente propostos –, o volume contém ainda um apêndice gramatical para consulta rápida, que visa a resolver dúvidas surgidas no processo de elaboração do texto (ao qual foram incorporadas as novas regras de acentuação e emprego do hífen vigentes após a aprovação do Novo Acordo Ortográfico – 2009) e um glossário de termos relativos à construção de textos (que mescla contribuições de áreas como estilística, retórica e linguística).

Esperamos que os conselhos aqui reunidos possam auxiliar aqueles que se iniciam nos caminhos da escrita e do exercício constante do pensamento.

Thaís Nicoleti de Camargo

Redações comentadas

REDAÇÃO COMENTADA

Juventude iletrada

Recente estudo revelou que a maior parte dos jovens que tem acesso a boas escolas não lêem livros que não são cobrados pela escola.

Este é um dado preocupante pois a leitura é o que estimula a pessoa a ampliar seus conhecimentos e também conseguir enxergar o que há envolvido nas questões.

O resultado são jovens violentos que conseguem ver apenas um lado da questão.

Existe a necessidade de inculcar nesses jovens a importância de leituras paradidaticas, talvez com ampliação de áreas para leitura, e bibliotecas.

Também existe a necessidade dos meios de comunicação enfatizarem a importância da leitura na formação não apenas acadêmica mas também humana.

A falta de leitura tem levado jovens a ter uma visão restritiva de assuntos de importância nacional, mas o problema pode ser invertido com investimento na informação geral do jovem ele estará mais preparado para ter uma visão abrangente do globo.

- "têm"
- "lê"
- "pelos professores"
- "Esse"
- Pôr vírgula
- "a"
- "que, de fato, está"
- "A consequência disso é, aparentemente, o surgimento de uma geração de"
- Pôr vírgula
- "dos problemas"
- "paradidáticas. Talvez isso pudesse ser feito com a"
- Suprimir a vírgula
- "a criação de"
- "de que os"
- "enfatizem"
- "limitada", "restrita"
- "grande importância"
- "resolvido"
- "formação"
- "jovem. Assim,..."
- "do mundo"

Reflexão superficial prejudica texto

Faltou fazer uma reflexão mais cuidadosa sobre o tema. O redator, além de desenvolver pouco o texto, força a relação de causa e efeito e repisa argumentos pouco adequados à discussão.

Ele parte de um dos resultados da pesquisa apresentada como tema de debate: jovens que têm acesso a boas escolas leem pouco. Considera isso um "dado preocupante", mas justifica sua inquietação de maneira um tanto vaga. Pior que isso, apresenta como "resultado" da falta de leitura o fato de esses jovens serem, no seu entender, "violentos". Melhor seria que tivesse proposto essa ideia como uma hipótese, não como uma resposta definitiva. O simplismo compromete o raciocínio.

Livros "paradidáticos" são leituras paralelas indicadas pelos professores. A pesquisa apontou a ausência de leitura espontânea, motivada antes por interesses pessoais que pelo ambiente escolar.

A reivindicação de ampliação de áreas de leitura e de criação de bibliotecas, embora seja legítima, não corresponde aos interesses da amostra pesquisada, pois os estudantes a que se refere o estudo pertencem à elite econômica do país. Não se trata, portanto, de mais uma vez atribuir a causa do problema à inação ou à negligência do Estado.

A conclusão também parece "automática" – é fácil dizer que falta investimento nisto ou naquilo. O redator confunde "informação" com "formação". Talvez esteja justamente nessa distinção a raiz do problema. A visão de mundo limitada deve-se mais à falta de formação intelectual adequada que à falta de informações.

Juventude iletrada

Recente estudo revelou que a maior parte dos jovens que têm acesso a boas escolas não lê livros que não são cobrados pelos professores.

Esse é um dado preocupante, pois a leitura é o que estimula a pessoa a ampliar seus conhecimentos e a conseguir enxergar o que, de fato, está envolvido nas questões.

A consequência disso é, aparentemente, o surgimento de uma geração de jovens violentos, que conseguem ver apenas um lado dos problemas.

Existe a necessidade de inculcar nesses jovens a importância do ato de ler e, sobretudo, a importância de desenvolver a curiosidade sobre o mundo que os cerca.

Os meios de comunicação poderiam contribuir para criar no jovem a consciência de que a leitura tem um papel fundamental na formação não apenas acadêmica mas também humana.

A falta de leitura tem levado jovens a ter uma visão limitada de assuntos de grande importância, mas esse problema pode ser resolvido com investimento na sua formação geral. Assim, eles estarão mais preparados para ter uma visão abrangente do mundo.

É essencial que os pais assumam também a tarefa de estimular os filhos a ler e a discutir assuntos de interesse geral. A leitura deve ser um hábito de todas as famílias, não uma tarefa imposta pela escola, para que a sociedade como um todo possa amadurecer.

Rever:

1) desenvolvimento das ideias – pág. 137

2) vocabulário (ocorre imprecisão em alguns pontos: a expressão "visão restritiva" foi usada no lugar de "visão restrita" ou de "visão limitada"; o termo "informação" foi empregado no lugar de "formação"; a construção "o problema pode ser invertido" ganha em clareza quando se diz "o problema pode ser resolvido"; "leituras paradidáticas" aparece no lugar de "leituras paralelas" ou de "leituras espontâneas", por oposição a "leituras obrigatórias") – pág. 147

O texto, publicado em 26/6/2003, respondia ao seguinte tema:
Texto de Gilberto Dimenstein (publicado no caderno "Cotidiano", da *Folha de S.Paulo*, em 18/5/2003) abordou os resultados de uma pesquisa feita entre estudantes da rede particular de ensino das classes A e B. Mais de um terço deles defende a adoção de medidas duras contra a violência: pena de morte (33,5%), trabalhos forçados para os detentos (26,5%), fim dos "privilégios" no sistema carcerário (22%) e prisão perpétua (9%). Desses estudantes, 31% afirmaram não lerem livros não escolares, e 50% disseram ler de um a três livros por ano. O colunista terminava o artigo com a pergunta: "Será que um segmento expressivo da nossa elite será violento e iletrado?". Elabore uma dissertação em que tente responder à questão proposta pelo jornalista.

REDAÇÃO COMENTADA

A difícil arte de viver

Título muito genérico

Ao sair à rua, ir ao trabalho, à escola ou qualquer outro lugar, o brasileiro está sujeito aos mais diversos tipos de perigo. Com a violência que assombra as nossas vidas, nem em casa estamos seguros.

Não é mais possível identificar quem é polícia e quem é ladrão.

Tiroteios, brigas e assaltos ocorrem a qualquer hora e em qualquer lugar. Quem é o culpado disso?

Minha resposta: a sociedade. Vivemos em uma sociedade de pessoas egoístas e gananciosas que não estendem a mão para ajudar ninguém.

Com o decorrer dos anos, as pessoas, cada vez mais individualistas, são capazes de matar seu próprio irmão para conseguir o que querem.

Vivemos escorraçados da nossa própria liberdade. Mães sofrem ao ver os filhos partindo para a escola, sem saber se irão voltar.

Nosso país necessita de alguém com mão forte para administrá-lo: alguém que imponha respeito, que faça o policial perceber que o bandido não é ele, pelo contrário, seu trabalho é proteger a sociedade. Alguém que dê oportunidade a todos para trabalhar e constituir uma família saudável e educada.

Até agora não nasceu alguém assim. Perdemos a liberdade e o prazer de viver, pois a violência está explícita na porta de nossa casa.

Comentários (na margem):

- "a"
- Tom sensacionalista
- Tom sensacionalista
- Melhor seria procurar as causas do problema, não o "culpado"
- Evite interferência de caráter pessoal (1ª pessoa do discurso)
- Pôr vírgula
- Tom sensacionalista
- "conseguirem"
- Tom sensacionalista
- "[...], de alguém"
- "ele, que, pelo contrário"
- "[...] – de alguém"
- "a todos oportunidade"
- Pôr vírgula
- Tom sensacionalista
- "nossas casas"

Retórica tenta disfarçar simplismo do raciocínio

O texto apresenta um tom sensacionalista que poderia – e deveria – ser substituído por um tom mais racional e, portanto, mais adequado à análise de um problema.

Enquanto carrega nas tintas para pintar o quadro da violência no país, o autor do texto economiza na argumentação. Ao indagar quem é o "culpado" dessa situação, assume a crença em uma perspectiva individualista; entende a sociedade como um conjunto de indivíduos egoístas e gananciosos, cujas falhas de caráter são responsáveis pelo caos em que se encontra o país.

Coerente com essa linha de raciocínio, entende que a solução para o problema passa pelo indivíduo. Falta à sociedade um "salvador da pátria", um indivíduo que, por suas características pessoais, seja capaz de resolver a situação.

O ideal seria analisar as causas do problema, em vez de procurar um culpado. O discurso desenvolvido tenta persuadir por meio da eloquência das imagens, mas não resiste a uma análise racional. Peca pelo simplismo ao deixar de levar em consideração muitos elementos pertinentes à questão.

Para defender um ponto de vista, é preciso fundamentá-lo. A opinião, que é livre, deve ser construída com argumentos. Hoje vários exames vestibulares incluem coletâneas de textos com diferentes pontos de vista sobre o mesmo tema, dando ao estudante condições de raciocinar e eleger argumentos com os quais possa construir um texto coerente.

✓ REDAÇÃO CORRIGIDA

Violência: um efeito do egoísmo

Ao sair à rua, ir ao trabalho, à escola ou a qualquer outro lugar, o brasileiro está sujeito aos mais diversos tipos de perigo. A violência que enche os noticiários diariamente torna a população cada vez mais insegura.

Hoje há situações em que é difícil distinguir os policiais dos criminosos. Tiroteios, brigas e assaltos ocorrem a qualquer hora e em qualquer lugar.

A causa remota de tamanho caos parece estar no tipo de sociedade em que vivemos, cujos principais valores parecem ser a ganância e o egoísmo.

Nosso país necessita de alguém com mão forte para administrá-lo, de alguém que imponha respeito, que faça o policial perceber que seu trabalho é proteger a sociedade – de alguém que dê a todos oportunidade para trabalhar e constituir uma família saudável e educada.

Quando a sociedade vencer o individualismo e se unir na busca de um lugar melhor para viver, certamente a violência arrefecerá.

Rever:

1) desenvolvimento do texto (trata o problema apenas de maneira geral; convém analisá-lo, isto é, dividi-lo em partes e examiná-las uma a uma) – pág. 137

2) tendência ao simplismo – pág. 146

3) tom sensacionalista ("Com a violência que assombra as nossas vidas..."; "Tiros, brigas e assaltos ocorrem a qualquer hora e em qualquer lugar. Quem é o culpado disso?"; "Perdemos a liberdade e o prazer de viver, pois a violência está explícita na porta de nossas casas") – pág. 146

4) título muito genérico (pode servir a textos muito diferentes, que tratam de assuntos muito diversos) – pág. 146-7

O texto, publicado em 15/8/2002, respondia ao seguinte tema:
O caderno "Folha Trainee", publicado em 9/7/2002, apresentou uma série de iniciativas que buscam reduzir a violência nas grandes cidades brasileiras. Elas atuam sobre vários fatores que influem na criminalidade: desemprego, narcotráfico, urbanização, cidadania, qualidade de vida, identidade e família. Redija uma dissertação em que discuta a questão da violência – suas causas, consequências e possíveis soluções.

REDAÇÃO COMENTADA

O que precisa ser mudado?

"deve"

É comum ouvir a afirmação de que o vestibular prejudica jovens de baixa renda. Mas é importante ressaltar que a dificuldade de tais estudantes em ingressar em faculdades cujas vagas são mais disputadas, principalmente em federais, se deve às notas que estes tiram em tais provas – geralmente muito baixas.

Com base nisso fica claro que o que exclui jovens de baixa renda é a falta de acesso a uma educação de qualidade e que alunos de colégios públicos, cujas notas são iguais as de alunos de colégios privados, dificilmente adquiriram os mesmos conhecimentos destes. Portanto, se fosse utilizado um sistema de avaliação baseado no desempenho do aluno durante sua vida escolar, seria necessário, também, um sistema que avaliasse o desempenho das escolas, o que acarretaria novamente na exclusão de alunos de colégios públicos.

O vestibular, por outro lado, permite a esses jovens estudar para adquirir os conhecimentos que não obtiveram na escola, dando uma oportunidade deles ingressarem na faculdade.

Se tem algo que precisa ser mudado, não é o método de avaliação, e, sim, a qualidade do ensino em colégios públicos.

"os"

"instituições"

"universidades estaduais e federais"

Sugestão: "obtêm nas"

Pôr vírgula

"qualidade. Alunos de escolas públicas"

Suprimir a vírgula

"às"

Suprimir a vírgula

"terão adquirido"

"[...], também seria necessário criar"

"a"

"[...], dando-lhes uma oportunidade de ingressar"

"existe"

"deve ser melhorado"

Suprimir as vírgulas

"ensino, sobretudo em escolas públicas"

Simplificação do debate empobrece defesa de tese

O texto contém a crítica à ideia de substituir o exame vestibular pela análise curricular como método de seleção de candidatos ao ensino superior: falta ao sistema educacional do país o amadurecimento necessário à implantação da proposta. E o motivo disso é o desnível em que, de modo geral, se encontram as escolas públicas e as escolas privadas de ensino fundamental e médio, situação em que é difícil afirmar que notas idênticas representam níveis semelhantes de conhecimento.

A maneira de introduzir a ideia central, entretanto, parece subestimar o leitor. O período encabeçado pela conjunção adversativa "mas" não se opõe ao anterior; antes, explicita o óbvio. Há certa dificuldade de estabelecer os nexos exatos entre as ideias. Isso também ocorre no segundo parágrafo, quando a expressão "com base nisso", que deveria introduzir uma relação de consequência, apenas explica o que já foi dito. O desenvolvimento das ideias deixa a desejar. O problema reduziu-se a uma oposição entre alunos da rede pública e alunos da rede particular, aqueles com menos condições que estes de seguir a vida universitária. Mesmo válido, esse não deixa de ser um raciocínio um tanto fácil. Centrado na preocupação de ordem técnica, omite outros aspectos da questão.

A conclusão do texto, apesar de previsível, é pertinente. Afinal, é inegável que a melhoria do sistema educacional como um todo constitui o verdadeiro alvo de uma tão necessária reforma.

O que deve ser mudado?

É comum ouvir a afirmação de que o vestibular prejudica os jovens de baixa renda. A dificuldade de tais estudantes em ingressar em instituições cujas vagas são mais disputadas, principalmente em universidades estaduais e federais, se deve à formação escolar deficitária que tiveram na rede pública de ensino.

O fator de exclusão de jovens de baixa renda é a dificuldade de acesso a uma educação de qualidade. Alunos de escolas públicas cujas notas são iguais às de alunos de colégios privados dificilmente terão adquirido o mesmo nível de conhecimento destes. Portanto, se fosse utilizado um sistema de avaliação baseado no desempenho do aluno durante sua vida escolar, também seria necessário criar um sistema que avaliasse o desempenho das escolas, o que acarretaria novamente a exclusão de alunos de escolas públicas.

O vestibular, por outro lado, permite a esses jovens estudar para adquirir os conhecimentos que não obtiveram na escola, dando-lhes uma oportunidade de ingressar na faculdade.

Se existe algo que deve ser melhorado, não é o método de avaliação, mas a qualidade do ensino, sobretudo em escolas públicas.

Rever:

1) elementos de coesão (a conjunção "mas" empregada no primeiro parágrafo não introduz uma ideia oposta à anterior) – pág. 136-7

2) desenvolvimento (fraco) – pág. 137

3) organização do raciocínio (ver a introdução do texto, em que o redator tenta negar a afirmação de que o vestibular prejudica os alunos de baixa renda alegando que são eles que tiram notas baixas, ou seja, que o vestibular não é o responsável pela exclusão em que se encontram muitos estudantes; o problema é que tirar notas baixas no vestibular pode provar exatamente o contrário, isto é, que o vestibular faz perguntas a que os alunos da rede pública, por exemplo, não conseguem responder)

O texto, publicado em 4/9/2003, respondia ao seguinte tema:
Recentemente, o novo reitor da UFRJ, Aloísio Teixeira, disse que pretende extinguir o vestibular e substituí-lo por um sistema que avalie o estudante durante a sua vida escolar. Segundo ele, o vestibular não é o melhor meio de aferir a capacidade de um aluno e, além disso, os jovens de baixa renda acabam prejudicados pelo sistema vigente. Elabore um texto dissertativo em que defenda seu ponto de vista sobre o assunto.

O negro na sociedade brasileira

O fato de que as vagas nas universidades públicas continuam à favor da elite já deixou de ser novidade.

Quem possui uma formação escolar considerada boa, geralmente em escolas particulares, incluindo ensino fundamental e ensino médio, tem muito mais chances de ingressar na faculdade do que uma pessoa formada pela rede pública de ensino.

Na sociedade brasileira há um evidente predomínio de negros na classe baixa.

Essa realidade, junto com o preconceito que existe desde a época de colonização do Brasil em relação à essa raça, não permite que os negros vivam em boas condições.

Consequentemente, eles são incluídos na parcela da população que enfrenta mais dificuldades em conseguir uma vaga na universidade.

Muito tem sido feito para converter esse quadro.

Projetos como por exemplo o cursinho para negros na UFSCar, já estão sendo colocados em prática.

Por outro lado, esses projetos evidenciam ainda mais o espaço que o negro ocupa na sociedade, separando-os dos outros pela raça e pela cor.

Portanto, é importante ressaltar que, apesar de todas as batalhas sociais em favor do negro, ainda no século 21 a sua situação não é muito diferente daquela do início da colonização em território brasileiro.

- Título muito genérico
- "a distribuição das"
- "a favor"
- Sugestão: "favorece a"
- "obteve sua"
- suprimir trechos
- "chance", "oportunidade"
- "em uma"
- "quem se formou"
- Pôr vírgula
- "nas classes baixas"
- "assim como"
- Informação imprecisa
- Sem acento ("a essa")
- Raciocínio circular
- "se incluem"
- "para"
- Dê mais exemplos
- "modificar"
- Redundância (usar "como" ou "por exemplo")
- Suprimir a vírgula
- Sugestão: "Embora sejam evidentemente positivos,..."
- "separando-o"
- Suprimir a vírgula
- "[...], no século 21, a sua situação ainda não é"
- "do que era no"

Argumentação fraca desvaloriza raciocínio

O texto parte do paradoxo da educação no Brasil: o ensino fundamental e o ensino médio da rede pública não preparam suficientemente os estudantes para o ingresso nas universidades estaduais e federais, cujas vagas são, em sua maioria, ocupadas pelos alunos que puderam pagar por uma educação diferenciada nos ciclos básicos.

Embora provoque a discussão, o texto não desenvolve as ideias. Poderia explicitar que a elitização da universidade extravia o caráter democrático que lhe deveria ser inerente – ao mesmo tempo que reforça as relações econômicas vigentes. E que tal situação acaba sendo camuflada pelo vestibular, que, ao selecionar de maneira objetiva os candidatos mais capazes, despreza os fatores extrínsecos ao conteúdo das disciplinas aferidas.

Conclui que a situação do negro pouco se modificou desde a colonização, mas não explica por quê. Valeria a pena fazer uma retrospectiva histórica, ainda que breve.

Afirma que os projetos que buscam diminuir a defasagem entre negros e brancos no ensino superior podem redundar em mais preconceito, pois evidenciam as suas diferenças. Mas é possível que o grande mérito do sistema de cotas seja a visibilidade que angaria para o problema (o que só é possível quando se evidenciam as diferenças), não a sua capacidade de solucioná-lo.

Para argumentar que a medida reforça a diferença, embora o faça com o intuito de superá-la num momento posterior, seria necessário refutar os argumentos contrários, em vez de ignorá-los.

O negro na sociedade brasileira do século 21

O fato de que a distribuição das vagas nas universidades públicas favorece a elite já deixou de ser novidade.

Quem obteve sua formação escolar em instituições particulares tem muito mais oportunidade de ingressar em uma faculdade do que quem se formou pela rede pública de ensino.

Na sociedade brasileira, há um evidente predomínio de negros nas classes baixas, realidade cuja origem está no preconceito que ainda persiste contra essa raça.

Vítimas, primeiro, da escravidão e, depois, do preconceito, os negros se incluem na parcela da população que enfrenta mais dificuldades para conseguir uma vaga na universidade.

Algumas iniciativas têm surgido com o objetivo de modificar esse quadro. É o caso, por exemplo, do cursinho para negros criado pela UFSCar.

Embora sejam claramente positivos, projetos desse tipo evidenciam ainda mais o limitado espaço que os negros ocupam na sociedade e acabam separando-os dos outros quando o intuito é integrá-los a eles.

Portanto é importante ressaltar que, apesar de vir protagonizando várias batalhas sociais, o negro, no século 21, ainda está longe de exercer plenamente sua cidadania.

Rever:

1) fuga do tema (não analisou, como era esperado, o sistema de cotas para negros e pardos nas universidades) – pág. 139

2) seleção de informações (na época da colonização, o negro era escravo, não "vítima de preconceito")

3) estruturação do raciocínio (ocorre raciocínio circular quando diz que "há um evidente predomínio de negros nas classes baixas" e que isso "não permite que os negros vivam em boas condições") – pág. 144-5

4) estruturação das frases (ocorre redundância na construção "como, por exemplo") – pág. 145

5) paralelismo sintático (observe, no segundo parágrafo, a estrutura comparativa "Quem tem ... tem mais oportunidade de ingressar ... do que uma pessoa formada...") – pág. 117-8

O texto, publicado em 20/6/2002, respondia ao seguinte tema:
Com base nos textos publicados na imprensa e em outras informações que você tenha, elabore um texto dissertativo em que se mostre contrário ou favorável ao sistema de cotas para estudantes negros e pardos nas universidades públicas.

REDAÇÃO COMENTADA

Faltou o título

Creio que todas as pessoas com as quais tomamos contato, ainda que não diretamente, contribuem de alguma forma para nossa formação. Alguns de forma positiva, sendo verdadeiros exemplos a serem seguidos. Outros, mostrando-nos o que não ser e o que não fazer.

Começando pelos piores exemplos, a maioria dos políticos do Brasil são anti-modelos para nossa formação, ensinam-nos tudo que devemos evitar em nossa vida. Claro que existem políticos que nos transmitem coisas positivas, mas num ambiente com tanta sujeira, fica difícil separar o joio do trigo. Muitos líderes de outras áreas também contribuem para nossa formação, mas a lição mais forte a ser aprendida, ainda que negativa, vem dos nossos políticos.

Em se tratando da educação formal, os maiores responsáveis por nossa formação são os professores, que, infelizmente, em nosso país, não têm o respeito devido. Ganham mal, são mal treinados e, por isso, são incapazes de nos transmitir muitos conhecimentos. Fazem o possível que podem, mas suas capacidades são limitadas. A maioria não ensina aos alunos o prazer de aprender, somente os obriga a estudar.

Terminando com quem deve nos dar os melhores exemplos, vem os nossos pais e familiares, decisivos em nossa formação moral. São eles que estão mais próximos de nós e por mais tempo, e que podem melhor nos transmitir os valores e ideais que devemos seguir. Valores e ideais que vão nortear nossa vida para sempre.

Ainda que de forma muito diferente, todas essas pessoas nos ensinam algo para nossa vida.

Pena termos que aprender muitas vezes através de maus exemplos, mas isso serve para nos ensinar o que temos que mudar.

- Uso de primeira pessoa do discurso
- Erro de concordância (os pronomes referem-se a "pessoas")
- Palavra de aviso
- "antimodelos"
- "o"
- "É claro"
- Pôr vírgula
- Clichê
- Desenvolver a ideia
- "são devidamente respeitados"
- "mal preparados"
- Generalização
- Redundância
- "sua capacidade é limitada"
- Digressão
- Palavra de aviso
- "vêm"
- Suprimir a vírgula
- "seguir, valores"
- Falta de coerência

Reflexão superficial compromete texto

A dissertação é um texto reflexivo, cuja estrutura se presta por natureza à expressão da opinião. Mas nem por isso o candidato deve posicionar-se de modo pessoal. Ao contrário disso, a impessoalidade é apreciada, pois o encadeamento lógico das ideias é que deve conduzir o leitor à conclusão pretendida. Assim, melhor seria omitir a expressão "creio que".

Na introdução, constatou-se que todos sofremos influência dos que nos cercam, o que está implícito no tema dado. Perdeu-se a oportunidade de mostrar um ponto de vista crítico que conduzisse o raciocínio.

O uso de palavras como "começando" e "terminando" denuncia certa dificuldade de estabelecer a coesão entre as partes do texto.

A desvalorização dos professores na sociedade é uma realidade, mas é perigoso afirmar que "são incapazes de nos transmitir muitos conhecimentos". As generalizações fragilizam a argumentação.

A expressão "mal treinados" poderia ser substituída por "mal preparados", já que a atividade de um professor pressupõe formação, não mero treinamento para uma função.

A influência dos pais não foi analisada. Que valores transmitiram aos jovens de hoje? Considerar os políticos "antimodelos" faz pressupor a existência de um modelo. É temerário o raciocínio de que se pode aprender o certo através do errado – no limite, uma contradição. Faltou assumir uma posição diante do problema.

REDAÇÃO CORRIGIDA

Modelos e antimodelos

Todas as pessoas com as quais temos contato, ainda que não diretamente, contribuem de alguma maneira para nossa formação. Algumas, de forma positiva, como verdadeiros exemplos a serem seguidos; outras, mostrando-nos o que não ser e o que não fazer.

Os piores exemplos a que estamos expostos são os políticos, cuja maioria, pelo menos no Brasil, são antimodelos para nossa formação, pois ensinam-nos tudo o que devemos evitar em nossa vida. É claro que existem políticos que nos transmitem coisas positivas, mas, num ambiente tão sórdido, fica difícil distinguir os honestos dos corruptos. Muitos líderes de outras áreas também contribuem para nossa formação, mas o exemplo mais marcante, ainda que negativo, vem dos nossos políticos, que, frequentemente, usam seus cargos em benefício próprio.

Na escola, os maiores responsáveis por nossa formação são os professores, que, infelizmente, em nosso país, não são devidamente respeitados. Ganham mal e, muitas vezes, são mal preparados. Nessas condições, seu trabalho fica comprometido. Fazem o que podem, mas enfrentam muitos obstáculos. Em suma, os professores também não constituem um modelo a ser imitado.

Quem nos deve dar os melhores exemplos são os nossos pais e familiares, cuja influência é decisiva em nossa formação moral. São eles que estão mais próximos de nós na maior parte do tempo e que podem melhor nos transmitir os valores e ideais que vão nortear nossa vida para sempre.

Ainda que de forma muito diferente, todas essas pessoas nos ensinam algo sobre a vida. É da família, entretanto, que recebemos a nossa primeira orientação moral – e é esta que nos permite reconhecer nos outros qualidades a imitar ou defeitos a rejeitar.

Rever:

1) uso de palavra de aviso ("começando", "terminando") – pág. 143-4
2) clichê ou lugar-comum ("separar o joio do trigo") – pág. 136
3) desenvolvimento do texto (fraco) – pág. 137
4) vocabulário (ocorre imprecisão ao dizer que "professores não têm o respeito devido"; na verdade, quer dizer que "professores não são respeitados") – pág. 147
5) nível da linguagem (o uso da palavra "sujeira" como sinônimo de "corrupção" é uma marca de coloquialismo) – pág. 136
6) generalização ("[os professores] são incapazes de nos transmitir...", "sua capacidade é limitada...") – pág. 140
7) redundância ("fazem o possível que podem") – pág. 145
8) repetição desnecessária de palavras (ver o parágrafo inicial: "...contribuem de alguma *forma* para a nossa formação. Alguns de *forma*...")
9) digressão (o trecho "A maioria não ensina aos alunos o prazer de aprender, somente os obriga a estudar" não tem relação clara com o foco do texto, pois o que se analisa é o papel dos professores na formação do estudante) – pág. 137-8
10) incoerência (para reconhecer um exemplo como ruim, é preciso ter aprendido antes o que é um bom exemplo, ou seja, se não imitamos os maus exemplos, é porque já incorporamos uma série de valores, vindos de outras fontes; na verdade, não é com os maus exemplos que aprendemos a fazer o que eles não fazem, sobretudo num ambiente político em que nem sempre os maus exemplos são punidos)

O texto, publicado em 11/4/2002, respondia ao seguinte tema:
Como você avalia os responsáveis por sua formação, ou seja, seus pais e familiares, professores, orientadores religiosos, líderes políticos, intelectuais, autoridades etc.? (Fuvest-2002)

REDAÇÃO COMENTADA

Liberdade ou limites?

Mais do que nunca, o comportamento de crianças e adolescentes vem sendo tema de discussão e motivo de preocupação para vários setores da sociedade. A violência, a sexualidade (de forma explícita e deseducacional) e a ideia excessiva de liberdade entram em contato cada vez mais cedo com nossas crianças. Nesses moldes atuais a relação pai e filho se torna mais complexa e é engrenada por uma mídia que, muitas vezes, mostra uma realidade deturpada, incita ao consumo exagerado e expõe as piores misérias humanas.

Os pais estão cada vez mais encurralados em relação à educação dos filhos: Se impôr limites demais, eles rebelam-se; Se der liberdade demais, eles enredam-se pelo caminho da ociosidade, do desrespeito e, muitas vezes, da marginalidade e das drogas. É perigoso se basear em conceitos pré-estabelecidos. Mas, infelizmente, alguns deles estouram em nossa frente todos os dias.

É preciso admitir que, ás vezes, nem um lar perfeito, com pais perfeitos, é capaz de controlar a personalidade e os instintos de um filho. Controlar outras pessoas é um dom de que o ser humano nasce desprovido, portanto os pais não devem sentir-se culpados e nem serem crucificados pela sociedade por cada problema que seus filhos causem ou pelo que os acontece de ruim. A relação entre pais e filhos deve basear-se em amor, compreensão e verdade [...].

A parte da educação das crianças que cabe à escola também vem sendo muito discutida nos últimos tempos. O estigma que diz "educação (como respeito, bom comportamento e higiene) se aprende em casa", tem sido derrubado por novos conceitos sobre escola. Os pais e a escola devem estar juntos no mesmo ideal para não só respeitar e amar as crianças, mas para construir nelas um bom caráter, uma personalidade honesta e instruí-las sobre o futuro do nosso planeta, pois elas serão possíveis soldados na construção de um novo mundo.

"deseducativa"

As crianças é que entram em contato com esses temas

Pôr vírgula

"entre pais e filhos"

"intermediada pelos meios de comunicação de massa, que, muitas vezes, mostram"

"incitam"

"expõem"

"se"

"impuserem" (atenção: "impor" não tem acento)

"derem"

"eles se rebelarão"

"eles enveredarão"

"e"

"[...], quando não pelo"

"basear-se"

"preestabelecidos"

"[...], pois frequentemente são desmentidos pela realidade"

"às"

O que é um "lar perfeito"?

Existem "pais perfeitos"? Como são?

"é suficiente para moldar"

Não seria melhor "educar" em vez de "controlar"?

Suprimir o "e"

"por eventuais problemas"

"lhes"

Vocábulo inadequado ("aforismo", "máxima", "ditado")

"que"

Suprimir a vírgula

"não só para"

Suprimir a vírgula

Pôr vírgula

"para"

Texto explora superficialmente o tema

O texto responde corretamente ao tema proposto, procurando mostrar as dificuldades enfrentadas pelos pais na educação dos filhos. De início, faz uma severa crítica à mídia, que deturpa a realidade, incita ao consumo e expõe as misérias humanas, corporificando-se em verdadeiro inimigo da educação dos jovens. Essas ideias, todavia, não serão desenvolvidas no decorrer da dissertação.

Após ter constatado que os pais se veem constantemente testados, muitas vezes sem saberem dosar os limites e a liberdade que desejam proporcionar aos filhos, conclui que uma relação baseada em "amor, compreensão e verdade" é a receita para o bom relacionamento entre as duas partes. Difícil dizer que não.

Embora tenha chegado a uma conclusão despretensiosa, não fez referência ao ponto de vista do líder indígena – citado na proposta –, que, em seu aparente simplismo, diz praticamente o mesmo: educar os filhos é fácil, basta conversar.

Poderia ter mencionado as diferenças entre os tipos de sociedade – a nossa muito mais sujeita às rápidas transformações e, portanto, à instabilidade de valores. Uma abordagem possível seria mostrar que, em meio a tantas inovações científicas, tecnológicas, culturais e comportamentais que se interpenetram, fica difícil apontar com certeza o melhor caminho a seguir.

Liberdade ou limites?

Mais do que nunca, o comportamento de crianças e adolescentes vem sendo tema de discussão e motivo de preocupação para vários setores da sociedade. Nossas crianças entram em contato cada vez mais cedo com a violência, a sexualidade (de forma explícita e deseducativa) e a ideia excessiva de liberdade. Nesses moldes atuais, a relação entre pais e filhos se torna mais complexa e é intermediada pelos meios de comunicação de massa, que, muitas vezes, mostram uma realidade deturpada, incitam ao consumo exagerado e expõem as piores misérias humanas.

Os pais estão a cada dia mais encurralados em relação à educação dos filhos: se impuserem limites demais, eles se rebelarão; se lhes derem liberdade demais, eles enveredarão pelo caminho da ociosidade e do desrespeito, quando não pelo da marginalidade e das drogas. É perigoso basear-se em conceitos preestabelecidos, pois frequentemente são desmentidos pela realidade.

É preciso admitir que, às vezes, nem um lar muito bem estruturado é suficiente para moldar a personalidade e os instintos de um filho. Educar outras pessoas é uma tarefa árdua, que requer empenho constante e nem sempre traz os resultados almejados. Os pais, portanto, não devem sentir-se culpados nem devem ser crucificados pela sociedade por eventuais problemas que seus filhos causem ou pelo que lhes aconteça de ruim. A relação entre pais e filhos deve basear-se em amor, compreensão e verdade [...].

A parte da educação das crianças que cabe à escola também vem sendo muito discutida nos últimos tempos. O ditado que diz que "educação (como respeito, bom comportamento e higiene) se aprende em casa" tem sido derrubado por novos conceitos sobre escola. Os pais e a escola devem estar juntos no mesmo ideal não só para respeitar e amar as crianças mas também para construir nelas um bom caráter, uma personalidade honesta, e para instruí-las sobre o futuro do nosso planeta, pois elas serão possíveis soldados na construção de um novo mundo.

Rever:

1) vocabulário (uso impreciso: "deseducacional" por "deseducativa"; "enredar-se" por "enveredar"; "estigma" por "ditado"; "engrenada" por "intermediada") – pág. 147

2) cacofonia ("por cada problema") – pág. 135

3) paralelismo sintático (faltou na construção "para não só respeitar e amar as crianças mas para construir nelas um bom caráter", que, para ganhar clareza, pode ser substituída por "não só para respeitar e amar as crianças mas também para construir nelas um bom caráter") – pág. 117-8

4) gramática (ortografia, conjugação verbal, emprego da vírgula – pág. 131-2 –; regência verbal – pág. 118 –; concordância verbal – pág. 105)

O texto, publicado em 23/5/2002, respondia ao seguinte tema:
Escreva uma dissertação em que relacione os dois textos abaixo:
1. "Educar os filhos é muito simples: é você se relacionar bem com eles." (Marcos Terena, líder indígena)
2. "As coisas mudaram tanto, e mudam ainda tão rapidamente, que não sei como me comportar na educação de meus filhos. A psicóloga da escola tem me ajudado muito." (mãe de crianças de idades entre cinco e nove anos) [tema extraído do vestibular Mackenzie-2001]

Os dois lados do programa

Através do novo programa do governo visando combater as DST/Aids, este começou a distribuir, através das escolas, preservativos para adolescentes maiores de 14 anos, sendo esta uma medida que tanto pode estimular a prática sexual (fazendo com que muitos jovens iniciem precocemente sua vida sexual), quanto atingir o esperado, acabando por reduzir a porcentagem de DST/Aids entre esses adolescentes. Existem dois lados nesse programa: o lado ruim é que ao perceberem que todos os colegas de mesma faixa etária recebem preservativos, os garotos sentem-se mais à vontade para iniciarem os atos, além do fato de sua própria escola estar distribuindo o preservativo, o que acaba que de certa forma estimulando esses jovens a terem uma relação sexual precoce (eles pensam que se todos recebem a camisinha porque então não utilizá-la).

Porém existe o lado bom no programa, visto que alguns jovens que não tem o costume de usar o preservativo, ou por condições financeiras (o que é muito difícil, pois hoje as camisinhas estão com preços bem mais acessíveis, além de ocorrer também a distribuição desses preservativos gratuitamente em postos de saúde) ou por desconhecer a sua importância, não dando valor aos riscos que correm, passam então a utilizá-la, pois agora as tem em mãos, além de sua escola estar incentivando o uso.

Então o programa pode tanto ser um sucesso, ajudando a abaixar os casos de DST/Aids entre os adolescentes, além de servir para esses jovens alertarem e conscientizarem seus pais sobre as DST ou então incentivar os jovens a praticarem o sexo, o que pode muitas vezes ocasionar vários problemas, visto que esses podem tornar-se compulsivos sexuais.

- " O governo, [...], criou um programa de distribuição de preservativos nas escolas"
- "[...]. Tal medida"
- Suprimir
- "o início precoce da"
- Suprimir
- "como atingir o objetivo"
- "o número de casos de"
- "os"
- Abrir parágrafo
- Pôr ponto final
- Pôr vírgula
- "iniciar sua vida sexual, comportamento que pode parecer estimulado pela escola"
- Sugestão: "Já"
- "do"
- "é que os"
- "têm"
- "falta de"
- Sugestão: "têm"
- "serem fornecidas"
- Pôr vírgula
- "subestimando os"
- "utilizá-lo"
- "uma vez que os têm"
- "tanto pode ajudar a reduzir o número de"
- "[...], como pode incentivar [...] a praticar"
- Convém suprimir o trecho ou substituí-lo por exemplos mais pertinentes

Falta de posicionamento empobrece texto

Faltou desenvolver as ideias. O candidato esquivou-se de tomar uma posição e apenas glosou o tema, isto é, explicou-o com outras palavras. E o resultado disso é um texto repetitivo e sem conclusão.

Pressupõe-se que a intenção do redator, como aponta o título do texto, tenha sido apresentar os lados da questão. Mas, mais que reafirmar as ideias fornecidas no tema, é necessário assumir um ponto de vista e envolver-se no debate proposto, enriquecendo-o com uma contribuição pessoal.

Dizer que o programa tem um "lado bom" e um "lado ruim" pode reduzir o problema – tudo, no limite, tem esses dois lados. A intenção subjacente à iniciativa é claramente boa, pois tudo o que for feito para evitar a propagação das DST e da Aids será positivo. O ponto de discussão está, então, nos possíveis efeitos contraproducentes da medida.

Caberia questionar se a distribuição de preservativos nas escolas estimula a iniciação precoce da vida sexual entre os adolescentes e, além disso, mostrar os riscos inerentes ao comportamento inconsequente, riscos que se sobrepõem ao de contrair doenças e ao de enfrentar uma gravidez indesejada (estes, a rigor, seriam evitados com o uso do preservativo) e estão ligados à necessidade de um amadurecimento emocional que acompanhe o desenvolvimento da vida sexual.

Os dois lados do programa

O governo, visando combater as DST/Aids, criou um programa de distribuição de preservativos nas escolas a adolescentes maiores de 14 anos. Tal medida tanto pode estimular o início precoce da prática sexual como atingir o objetivo esperado, acabando por reduzir o número de casos de DST/Aids entre os adolescentes.

Existem dois lados nesse programa. O lado ruim é que, ao perceberem que todos os colegas de mesma faixa etária recebem preservativos, os garotos sentem-se mais à vontade para iniciar sua vida sexual, comportamento que pode parecer estimulado pela escola.

Já o lado bom do programa é que os jovens que não têm o costume de usar o preservativo, ou por falta de condições financeiras, ou por desconhecer a sua importância, subestimando os riscos que correm, passam então a utilizá-lo, uma vez que o têm em mãos e que estão recebendo o incentivo na escola.

Então o programa tanto pode ajudar a reduzir o número de casos de DST/Aids entre os adolescentes (além de servir para esses jovens alertarem e conscientizarem seus pais sobre as DST) como pode incentivar os jovens a praticar o sexo precocemente, antes de atingir a maturidade emocional.

De qualquer maneira, o fato de a medida suscitar o debate já pode ser considerado algo positivo, pois o diálogo em família e a troca de informações são muito importantes para o desenvolvimento dos jovens.

Rever:

1) introdução (faltou posicionamento; rever estrutura da dissertação – pág. 138) – pág. 146

2) períodos muito longos (convém rever os princípios de coordenação – pág. 107-9 – e subordinação – pág. 127-131)

3) redundância (sobretudo no terceiro parágrafo, há detalhes desnecessários) – pág. 145

4) paralelismo sintático (no último parágrafo, a construção "o programa tanto pode ser um sucesso..., além de servir para... ou então incentivar..." poderá ganhar em clareza se for respeitada a correlação "tanto... como") – págs. 110 e 117-8

O texto, publicado em 10/7/2003, respondia ao seguinte tema:
Com o intuito de reduzir o número de casos de DST e Aids entre os jovens, o governo federal decidiu implantar em escolas um programa de distribuição de preservativos a adolescentes de 14 anos ou mais. Você considera válida a iniciativa do Estado ou vê nela um estímulo à iniciação precoce da vida sexual?

REDAÇÃO COMENTADA

Homem: um produto do meio.

O título não reflete o texto
Suprimir o ponto

Não é de hoje que as emissoras de televisão apelaram para a "baixaria" com o intuito de aumentar seus números no Ibope.

"apelam"

Casos extremos, como o que aconteceu no programa *Domingo Legal* do Gugu no mês passado, em que supostos membros da facção criminosa PCC ameaçavam apresentadores de TV, não deveriam ser tolerados.

"no mês passado, no programa *Domingo Legal*, apresentado por Gugu Liberato, em que"

Porém, num país rico e, ao mesmo tempo, tão pobre como o Brasil, talvez não seja difícil entender o que leva a população a tolerar programas de tão baixo nível.

"país tão rico"

A sociedade brasileira, apesar de rica em inúmeros aspectos, é ainda extremamente pobre quando o assunto é cultura. Sem o hábito de ir a teatros ou exposições, o telespectador brasileiro acaba se submetendo à televisão como forma de entretenimento.

"a"

A televisão deveria fazer jus ao importante papel que exerce na sociedade, e exibir programas educativos e culturais com maior frequência.

Suprimir a vírgula
"mais"

Não podemos, no entanto, culpar apenas as emissoras de TV pelas "baixarias" exibidas em horário nobre. Nós, telespectadores, somos grandes responsáveis pelo nível dos programas televisivos. Afinal, em uma sociedade capitalista, cujo objetivo é apenas obter maiores lucros, a televisão acaba se adequando ao "gosto" do seu consumidor. E, a verdade é que o público brasileiro gosta, e muito, de programas "apelativos".

"somos os grandes"
Suprimir as aspas
Suprimir a vírgula
Suprimir as aspas

Para resolver esse problema da "baixaria" nos programas de televisão, seria necessário investir mais em educação e cultura. Assim, a população, buscando cultura na TV, forçaria as emissoras a se adaptarem ao novo "gosto" popular.

Suprimir as aspas

Como já diria um grande estudioso, o homem é um produto do meio. E nesse novo século, podemos dizer que o homem é um produto do meio de comunicação.

Suprimir
Convém explicitar a quem se refere
"E, neste"
"dos meios"

Generalização dá tom simplista à argumentação

O texto parte da constatação de que o baixo nível da programação televisiva tem sido uma estratégia para a obtenção de melhores índices de audiência. Embora advirta de que há "casos extremos", que não devem ser tolerados, perde a oportunidade de desenvolver essa ideia, mostrando qual é ou pode ser o limite da tolerância.

Numa tentativa de analisar a questão, o redator afirma que o brasileiro não cultiva o hábito de frequentar teatros ou exposições e que, na verdade, aprecia os programas apelativos exibidos pela TV. O problema está, então, no público, não na TV. Ao lado disso, justifica, com base na lógica do sistema capitalista, as escolhas feitas pelas emissoras. Essa tendência à generalização escamoteia a sutileza do texto.

Há momentos em que parece render-se a um discurso reivindicatório pré-fabricado, sem convicção, ora sugerindo que a TV exiba programas educativos, ora sugerindo investimentos na educação e na cultura.

Ao afirmar que, quando se desenvolverem culturalmente, as pessoas reivindicarão uma TV melhor, o redator anula o problema – ou, antes, parece vê-lo pelo avesso. Afinal, o que está em jogo é o fascínio e a influência que a TV exerce sobre o telespectador. Ignorar isso é deixar-se levar pela ingenuidade ou cair no simplismo.

O trocadilho pretendido na conclusão contradiz afirmações anteriores. Se a TV apenas reflete o gosto popular, por que seriam as pessoas "produtos dos meios de comunicação"?

Homem: um produto do meio?

Não é de hoje que as emissoras de televisão apelam para a "baixaria" com o intuito de aumentar seus números no Ibope.

Casos extremos, como o que aconteceu no mês passado, no programa *Domingo Legal*, apresentado por Gugu Liberato, em que supostos membros da facção criminosa PCC ameaçavam apresentadores de TV, não deveriam ser tolerados.

Porém, num país tão rico e, ao mesmo tempo, tão pobre como o Brasil, talvez não seja difícil entender o que leva a população a tolerar programas de tão baixo nível.

A sociedade brasileira, apesar de rica em inúmeros aspectos, é ainda extremamente pobre quando o assunto é cultura. Sem o hábito de ir a teatros ou a exposições, o telespectador brasileiro acaba se submetendo à televisão como única forma de entretenimento.

A televisão deveria fazer jus ao importante papel que exerce na sociedade e exibir programas educativos e culturais com mais frequência.

Não podemos, no entanto, culpar apenas as emissoras de TV pelas "baixarias" exibidas em horário nobre. Nós, telespectadores, somos os grandes responsáveis pelo nível dos programas televisivos. Afinal, em uma sociedade capitalista, cujo objetivo é apenas obter maiores lucros, a televisão acaba se adequando ao gosto do seu consumidor. E a verdade é que o público brasileiro gosta, e muito, de programas apelativos.

Para resolver esse problema da "baixaria" nos programas de televisão, seria necessário investir mais em educação e cultura. Assim, a população, buscando cultura na TV, forçaria as emissoras a se adaptarem ao novo gosto popular.

No século 19, acreditavam os pensadores deterministas ser o homem um produto do meio. Neste novo século, podemos dizer que os meios (de comunicação) são um produto (ou reflexo) do homem.

Rever:

1) generalização ("a sociedade brasileira é pobre quando o assunto é cultura"; "a verdade é que o público brasileiro gosta, e muito, de programas apelativos") – pág. 140
2) faltou coerência na atribuição do título (não reflete o conteúdo do texto) – pág. 146-7
3) conclusão incoerente (não decorre da argumentação desenvolvida) – pág. 136

O texto, publicado em 30/10/2003, respondia ao seguinte tema:
Recentemente foi ao ar no programa *Domingo Legal*, de Gugu Liberato, uma entrevista com supostos membros da facção criminosa PCC (Primeiro Comando da Capital), na qual foram feitas ameaças de morte a apresentadores de TV e até ao vice-prefeito de São Paulo, Hélio Bicudo. A polícia e o Ministério Público suspeitam de que tenha ocorrido uma fraude, hipótese negada pelo repórter-entrevistador. Com base nesse episódio e em outras informações de que disponha, analise o papel da TV na sociedade, mostrando qual é, na sua opinião, o limite tolerável para a guerra das emissoras pela audiência.

REDAÇÃO COMENTADA

Contradição

Petróleo, ouro, enfim cifras, parece que é tudo o que o homem vê em sua frente. A ganância superou o respeito e tudo o que temos é uma guerra diária onde cada um se importa apenas consigo e esquece que aquela pessoa que está mendingando poderia muito bem ser ela. E então por que criticamos um país que invade outro para supostamente liberta-lo? Não há aí um conflito de ideias. Ou talvez seja pelo fato de que esse país não é o nosso e sim o mais poderoso. Ou será que é pelo real fato de nós realmente nos importarmos com as vidas dos pobres iraquianos. Pouco provável, tudo o que pensamos na verdade é: "Ainda bem que não sou eu". E não é por nosso culpa e sim de nossa natureza.

Quando vemos essas passeatas enormes pela paz, estamos na verdade vendo um grande jogo de marketing, pois as faixas e cartazes carregados pelas pessoas tem sempre um símbolo de alguma grande multinacional querendo se fazer de "boazinha". Quando vemos artistas dizendo não a guerra vemos na verdade artistas que estão querendo ter uma promoção e aproveitar esse fato para vender mais CDs.

Tudo isso pode ser somado as pesquisas de opinião nos países que mandaram tropas ao Iraque. As pessoas apoiam este conflito, acham que se isso não for feito outros atentados como o de 11 de setembro se repetirão, porém, não pensam que estão morrendo neste conflito muitos que não tem nada a ver com os atentados ou com a ideologia maluca de Saddam Hussein. Será que cabe a outros paises tomar partido na situação política de outros. Será que não seria mais útil se os americanos usassem a verba utilizada para a guerra em pró das crianças famintas da África. Ou é realmente mais importante acabar com um país para poder retirar um homem do poder. Mas no fundo aquelas criancinhas africanas não fazem diferença porque o pensamento dos americanos e de muitos outros é: "Ainda bem que não sou eu".

"enfim,..."
"isso é"
Pôr vírgula
"vemos, presenciamos"
"em que"
"ele próprio"
"libertá-lo"
Pôr ponto de interrogação
"façamos isso"
"[...], e sim/ [...], mas"
Evite o pleonasmo (suprimir)
"importamos"
Pôr ponto de interrogação
"provável. Tudo"
"Isso não ocorre por nossa culpa, mas por causa de"
Entre vírgulas
Entre vírgulas
"presenciando"
"têm"
Linguagem oralizada (evite)
Entre vírgulas
Suprimir
"promover-se"
"à guerra,..."
"às"
"feitas nos países"
" o conflito. Acham que, se essa atitude não tivesse sido tomada, outros [...] repetiriam, porém não"
"muitos inocentes, que não têm"
Termo impreciso (evite)
"alguns países intervir/interferir"
"outros? Não seria mais útil os americanos usarem a verba empregada na guerra em prol"
Pôr ponto de interrogação
Pôr ponto de interrogação
Entre vírgulas

Dificuldade de organizar ideias compromete texto

O candidato começa o texto lastimando a ganância e o egoísmo das pessoas, traços que admite, entretanto, como inerentes à natureza humana. Daí a contradição que vê no clamor dos pacifistas. Como tese, o raciocínio seria polêmico e, para defendê-lo, seria necessário que as demais ideias do texto convergissem para ele, o que não ocorreu.

Mas é depois do arrazoado sobre a condição humana que o redator aborda a questão de fato: a intervenção militar anglo-americana no Iraque em meio às manifestações pacifistas no mundo inteiro. O resultado teria sido melhor se o tema tivesse sido apresentado logo de início.

Segundo a visão do redator, os pacifistas não passam de marqueteiros disfarçados, e as passeatas são apenas um nicho que encontraram para vender seu próprio produto ou autopromover-se. Também aventa a hipótese de serem despeitados por viverem em países menos poderosos que os EUA – e a prova disso seria o apoio que a guerra encontrou nos países da coalizão invasora. O argumento soa pouco consistente.

Se o candidato, por um lado, se mostra preocupado em enxergar os argumentos favoráveis à guerra (a ameaça representada por Saddam Hussein, a necessidade de prevenir novos ataques terroristas), hesita, por outro, em posicionar-se a favor da invasão e acaba fazendo o discurso pacifista que condenara por hipócrita.

No parágrafo final, todavia, põe em questão o direito que uma nação teria de intervir na soberania de outra. Essa ideia, uma das mais importantes, aparece como secundária e acaba nem sendo discutida.

Contradição

Petróleo, ouro – enfim, cifras –, parece que isso é o que move o homem. A ganância superou o respeito, e tudo o que vemos é uma guerra diária em que cada um se importa apenas consigo. Então por que criticamos um país que invade outro para supostamente libertá-lo? Não haveria aí um conflito de ideias? Ou talvez façamos isso pelo fato de esse país não ser o nosso, mas o mais poderoso. Ou será que realmente nos importamos com as vidas dos pobres iraquianos? Pouco provável. Na verdade, tudo o que sentimos é alívio por não estarmos na pele deles. E isso ocorre não por nossa culpa, mas por causa de nossa natureza.

Essas passeatas enormes pela paz, na verdade, não passam de um grande jogo de marketing, pois as faixas e cartazes carregados pelas pessoas têm sempre um símbolo de alguma grande multinacional que quer associar o sentimento positivo das pessoas à sua imagem. Artistas que dizem "não" à guerra, na verdade, estão querendo promover-se e aproveitar esse fato para vender mais CDs.

Tudo isso pode ser somado às pesquisas de opinião feitas nos países que mandaram tropas ao Iraque. As pessoas apoiam a invasão. Acham que, se essa atitude não tivesse sido tomada, outros atentados como o de 11 de setembro se repetiriam, porém não pensam que estão morrendo nesse conflito muitos inocentes, que não podem ser responsabilizados pelos atentados nem pelas atitudes de Saddam Hussein.

Cabe-nos indagar se um país pode e deve intervir na situação política de outros. Não seria mais útil os americanos usarem a verba empregada na guerra em benefício das crianças famintas da África? Ou é realmente mais importante destruir um país para retirar um homem do poder? No fundo, o destino daquelas criancinhas africanas não faz diferença para eles.

Rever:

1) repetição de estrutura sintática ("será que")

2) excesso de interrogações retóricas (não convém abusar do recurso de eloquência) – pág. 141

3) nível de linguagem (são marcas de coloquialismo construções como "ideologia maluca de Saddam Hussein"; "multinacional querendo se fazer de 'boazinha'") – pág. 136

4) ambiguidade sintática (a construção "a ganância superou o respeito e tudo o que vemos é uma guerra diária..." ganha em clareza com o acréscimo de uma vírgula antes da conjunção "e", indicando o início de outra oração: "a ganância superou o respeito, e tudo o que vemos é uma guerra diária...") – pág. 134

5) introdução do texto (não apresenta objetivamente o tema da discussão) – pág. 146

O texto, publicado em 17/4/2003, respondia ao seguinte tema:
Os EUA afirmam que o objetivo de sua ação militar no Iraque é levar a democracia ao país. Entretanto, em todo o mundo, têm-se visto manifestações contrárias à guerra. Elabore um texto dissertativo em que discuta essa questão.

REDAÇÃO COMENTADA

O tráfico de drogas na sociedade

Um sério problema que nossa sociedade enfrenta hoje é o tráfico de drogas, do qual além de complexo é cada dia mais organizado.

Este problema tem como um dos principais fatores de sua existência, um mercado consumidor amplo e consequentemente um enorme fluxo de dinheiro.

Certamente ao se diminuir o mercado consumidor o problema do tráfico de drogas também irá diminuir.

A dependência é um caso sério, e um dependente químico não abandona o vício de uma hora para outra, por este motivo, é incontestável a ideia de que haja um programa de apoio aos dependentes químicos, do qual se preserve a integridade e os direitos dos dependentes químicos, seja eficiente, abranja todas as classes sociais, de apoio aos familiares, e seja gratuito.

No entanto, também é importante o combate a outros fatores como o desemprego, a má distribuição de renda, as péssimas condições dos serviços públicos (educação, saúde, segurança), as poucas opções de lazer, e a falta de informação.

Sendo assim, o consumidor de drogas contribui consciente ou inconscientemente, pois ao comprar drogas este mantém o mercado ativo e viável, principalmente num país em que o desemprego e a má formação da população é grande, e a vida é como se fosse uma luta pela sobrevivência.

Título inexpressivo

"[...], que,..."

"complexo, está a"

"Esse"

Sugestão: "Uma das principais causas desse problema é a existência de um mercado"

Suprimir a vírgula

Pôr vírgula

Pôr vírgula

"Certamente,..."

Pôr vírgula

Suprimir o "se"

"diminuirá"/"vai diminuir"

"algo"

"a urgência de criar"

"outra. Por esse"

"àqueles que mais de perto enfrentam o problema, assegurando-lhes a preservação da integridade e dos direitos, enfim, um programa eficiente, que atenda a todas as classes sociais"

Pôr vírgula

Suprimir a vírgula

Sugestão: "Não se deve, no entanto, negligenciar o combate a outros problemas – como [...] informação – , que também contribuem para a desestruturação das famílias."

Suprimir a expressão

"O consumidor de drogas, consciente ou inconscientemente, colabora para o crescimento do narcotráfico, pois, ao comprar drogas, mantém"

Sugestão: "situação favorecida pelo fato de vivermos num país onde o desemprego e o deficit educacional da população são expressivos e onde a vida, para muitos, não passa de"

Texto não explicita relações entre as ideias

O redator usou os três parágrafos iniciais do texto para reproduzir com suas palavras o que disse o secretário de Segurança do Rio de Janeiro: existe tráfico de drogas no país porque existe mercado consumidor e, assim, se o mercado se retrair, o narcotráfico também recuará. Faltou assumir um posicionamento claro sobre o tema – que fosse, de preferência, além do raciocínio fácil.

Demonstra preocupação com os dependentes químicos, que precisam de apoio para abandonar o vício, e propõe a criação de programas que atendam essas pessoas e seus familiares gratuitamente. A ideia é boa, mas o período muito longo e a repetição de palavras observados no quarto parágrafo prejudicam a fluência do texto.

Afirma que os problemas sociais do país são "fatores" que devem ser combatidos. "Fator" é aquilo que contribui para um resultado. Deveria ter explicitado as relações existentes entre tais problemas e o narcotráfico. Apenas enumerar as mazelas sociais não é suficiente para demonstrar um ponto de vista crítico sobre o tema – chega a soar como lugar-comum.

A expressão "sendo assim", que introduz a conclusão, estabelece um falso vínculo entre as partes do texto. Talvez a intenção do redator fosse mostrar que os problemas socioeconômicos do país criam um ambiente propício para o desenvolvimento do narcotráfico, mas faltou elaborar essa ideia de modo objetivo. Valeria a pena investir mais esforço na elaboração de um título original.

REDAÇÃO CORRIGIDA

Drogas: um mercado ativo e viável. Até quando?

Um sério problema que nossa sociedade enfrenta hoje é o tráfico de drogas, que, além de complexo, está a cada dia mais organizado. Uma de suas principais causas é a existência de um mercado consumidor amplo e, consequentemente, de um enorme fluxo de dinheiro. Certamente, ao diminuir o mercado consumidor, o problema do tráfico de drogas também diminuirá.

A dependência é algo sério, e um dependente químico não abandona o vício de uma hora para outra. Por esse motivo, é incontestável a urgência de criar um programa de apoio àqueles que mais de perto enfrentam o problema, assegurando-lhes a preservação da integridade e dos direitos, enfim, um programa eficiente, que atenda a todas as classes sociais.

Não se deve, no entanto, negligenciar o combate a outros problemas – como o desemprego, a má distribuição de renda, as péssimas condições dos serviços públicos (educação, saúde, segurança), as poucas opções de lazer e a falta de informação –, que também contribuem para a desestruturação das famílias.

O consumidor de drogas, consciente ou inconscientemente, colabora para o crescimento do narcotráfico, pois, ao comprar drogas, mantém o mercado ativo e viável, situação favorecida pelo fato de vivermos em um país onde o desemprego e o deficit educacional da população são expressivos e onde a vida, para muitos, não passa de uma luta pela sobrevivência.

Rever:

1) criação do título (título muito genérico) – pág. 146-7

2) construção dos períodos (certa dificuldade de organização, sobretudo no segundo, no quarto e no quinto parágrafo; convém rever os princípios de coordenação – pág. 107-9 – e subordinação – pág. 127-131)

3) gramática (em particular, emprego da vírgula – pág. 131-2)

O texto, publicado em 29/5/2003, respondia ao seguinte tema:
O novo secretário de Segurança do Rio de Janeiro, Anthony Garotinho, afirmou ser impossível acabar com o tráfico de drogas enquanto houver um grande mercado consumidor. Discuta o tema, apontando possíveis soluções para o problema, e avalie o grau de responsabilidade do usuário de drogas na violência do narcotráfico.

REDAÇÃO COMENTADA

Faltou o título

A violência tem causado temor na população devido ao seu crescimento. Antes restrito predominantemente nas grandes cidades, começa a haver mais focos no interior.

Seu aumento tem como causa principal o desemprego. A maioria mão de obra desqualificada que não é absorvida pelo mercado.

Há ainda os que são corrompidos pelo narcotráfico, pois perante a fragilidade do programa de defesa do governo, têm quase certeza de que não serão punidos.

A população se sente desprotegida e cada vez mais aprisionada dentro de suas próprias casa, no serviço. Sendo monitorados por câmeras, alarmes. Precisam terceirizar empresas especializadas para vigiarem suas vidas, decorrência da falta de recursos da polícia. Assim, as pessoas vivem cada vez mais presas enquanto bandidos estão às soltas.

Cabe ao governo, oferecer a todos, condições adequadas de moradia e principalmente de educação. Não é fingir que está educando, mas sim dar subsídios desde o fundamental até o ensino superior .Outro dever do Estado é bloquear os meios pelos quais se obtém o dinheiro que financia ações ilegais e que acabam por financiar a violência.

A sociedade deve incentivar e concretizar projetos que viabilizem condições de desenvolver a autoestima, afinal, quando o homem recebe estímulos para vencer, tem mais ânimo e, consequentemente, não somente ele evolui e se torna mais feliz, mas toda uma nação .

Ambiguidade: seu (da violência ou da população?). Sugestão: "Em razão de seu crescimento, a violência"

"restrita às"

"hoje se espalha também pelo interior"

Sugestão: "A maioria dos delinquentes constitui"

Pôr vírgula

"aliciados"

"[...], ante"

"da segurança pública"

"As pessoas se sentem desprotegidas [...]"; "aprisionadas em"

"casas ou no trabalho. Cercam-se de aparatos de segurança como"

"e"

"contratar"

"em decorrência"

Suprimir a vírgula

"presos"

"os cidadãos honestos"

"os criminosos estão à solta"

Suprimir a vírgula

"basta"

"[...]; é preciso subsidiar o ensino em todos os ciclos – do fundamental ao superior"

"acaba"

Evitar repetição. Sugestão: "dinheiro que banca"

"autoestima das pessoas. Afinal,..."

Deslocar: "o homem tem mais ânimo"

"não somente ele mas toda a nação evoluem e se tornam mais felizes"

Falta de fluência atrapalha leitura

O texto transita pelo tema da violência sem grandes dificuldades, lembrando que o desemprego, aliado à força do narcotráfico, à impunidade e às deficiências da segurança pública no país, está na origem do problema. A principal consequência disso é que muitos passam de vítimas a vilões, o que resulta no paradoxo de que cidadãos honestos se aprisionam em suas casas enquanto criminosos estão à solta.

As soluções propostas são aquelas que todos conhecem: investimento em educação, moradia e trabalho, assim como uma ação firme para debelar o tráfico de drogas, gerador do crime organizado.

Como essas ideias são amplamente divulgadas – e não propriamente originais –, o que ganha importância num texto como esse é a organização do pensamento, que deve revelar a capacidade de expressão exata do raciocínio. E isso inclui uso preciso do vocabulário e das fórmulas sintáticas.

A redação peca pela falta de fluência. Há várias lacunas (que devem ser preenchidas) e, sobretudo, certa dificuldade de empregar o vocabulário. Por exemplo: pessoas não "terceirizam" empresas, antes as contratam. Cabe a uma empresa terceirizar serviços.

Para que as frases fiquem mais claras, é importante evitar ambiguidades e repetições desnecessárias. Além disso, é preciso respeitar o paralelismo das construções (veja o primeiro parágrafo), assim como buscar a ordem das palavras mais conveniente à clareza.

O paradoxo da violência

Em razão de seu crescimento, a violência tem causado temor entre as pessoas. Antes restrita às grandes cidades, hoje se espalha também pelo interior.

Seu aumento tem como causa principal o desemprego. A maioria dos delinquentes constitui mão de obra desqualificada, que não é absorvida pelo mercado.

Há ainda os que são aliciados pelo narcotráfico, pois, ante a fragilidade da segurança pública, têm quase certeza de que não serão punidos.

As pessoas sentem-se desprotegidas e cada vez mais aprisionadas em suas próprias casas ou no trabalho. Cercam-se de aparatos de segurança como câmeras e alarmes. Precisam contratar empresas especializadas para vigiarem suas vidas em decorrência da falta de recursos da polícia. Assim, paradoxalmente, os cidadãos honestos vivem cada vez mais presos enquanto os criminosos estão à solta.

Cabe ao governo oferecer a todos condições adequadas de moradia e, principalmente, de educação. Não basta fingir que está educando; é preciso subsidiar o ensino em todos os ciclos – do fundamental ao superior. Outro dever do Estado é bloquear os meios pelos quais se obtém o dinheiro que banca ações ilegais e que acaba por financiar a violência.

A sociedade deve incentivar e concretizar projetos que viabilizem condições de desenvolver a autoestima das pessoas. Afinal, quando recebe estímulos para vencer, o homem, bem como toda a nação, evolui e se torna mais feliz.

Rever:

1) ambiguidade (no primeiro parágrafo, a construção "a violência tem causado temor na população devido ao seu crescimento" apresenta possibilidade de dupla leitura por causa do pronome possessivo "seu", que pode remeter tanto a "violência" como a "população") – pág. 134

2) vocabulário (uso impreciso: "restrito predominantemente"; "corrompidos" por "aliciados"; "terceirizar" por "contratar"; "perante" por "ante") – pág. 147

3) paralelismo sintático (faltou no primeiro parágrafo, no qual a construção "antes restrita..., começa a haver mais focos no interior" ganha em clareza se for substituída por "antes restrita..., hoje se espalha pelo interior"; na última frase do texto, também ocorre o problema, com a construção "não somente ele evolui e se torna mais feliz, mas toda uma nação", que pode ser substituída por "não somente ele mas toda a nação evoluem e se tornam mais felizes") – pág. 117-8

4) repetição desnecessária de palavras

O texto, publicado em 1º/8/2002, respondia ao seguinte tema:

O caderno "Folha Trainee", publicado em 9/7/2002, apresentou uma série de iniciativas que buscam reduzir a violência nas grandes cidades brasileiras. Elas atuam sobre vários fatores que influem na criminalidade: desemprego, narcotráfico, urbanização, cidadania, qualidade de vida, identidade e família. Redija uma dissertação em que você discuta a questão da violência, suas causas, consequências e possíveis soluções.

REDAÇÃO COMENTADA

O dever é de todos

Um dos temas mais abordados pela mídia é a violência. Não que se trate de um fato "inusitado" em nossa sociedade, mas talvez por estar ameaçando não só as classes baixa e média, como a alta.

No Brasil a concentração de renda é uma das mais altas do mundo, cuja distância entre o rico e o pobre torna-se cada vez maior. Verifica-se que 1% da população detém mais de 50% das riquezas do país. Considera-se que não há apenas uma violência, mas múltiplas violências que devem ser analisadas e contextualizadas, para não se afirmar de forma simplista que a pobreza gera a violência.

Embora o problema só poderá ser resolvido quando medidas sociais forem tomadas, principalmente para acabar com o alto índice de concentração de renda e com o tráfico de drogas.

Enquanto isso não acontece, as iniciativas praticadas pelas organizações não governamentais (ONG) e por movimentos sociais são bem vindas. Como as que tentam prevenir a violência na sociedade, com projetos que disseminam cultura entre os jovens, por meio da música ou dos esportes. Considerando que o mais importante é conscientizar as pessoas da importância de se discutir política, já que é esta que define as medidas que são tomadas no país.

Devemos lembrar também que a universidade como propulsora da ciência deve interagir com a sociedade em que está inserida, contribuindo com a pesquisa e extensão voltadas para a comunidade.

"ultimamente"
"problema novo"
"agora também ameaça a classe média e alta"
Pôr vírgula
Uso indevido do pronome relativo
Suprimir (redundância)
Indicar a fonte dos dados estatísticos
"Não se pode esquecer, todavia, que o problema se apresenta de múltiplas formas,..."
"de acordo com a situação em que ocorrem"
"maneira" (evitar repetição)
"é só a pobreza que"
"O problema, entretanto,..."
"de cunho social"
"reduzir"
"debelar"
Pôr hífen
"É o caso daquelas"
"criando"
Suprimir a vírgula
"É urgente que as pessoas se conscientizem"
Suprimir o "se"
"esse o caminho por meio do qual se definem as medidas a serem"
Pôr vírgulas
"para o desenvolvimento da"
Suprimir
"voltada"

Falta de encadeamento prejudica texto

O bom título com que se inicia a redação anuncia uma atitude coletiva como forma de combater a violência, mas o redator não desenvolve essa ideia, o que torna o título incompatível com o texto.

Ao afirmar que a violência tem ocupado mais espaço na mídia pelo fato de ter passado a atingir as classes dominantes, propõe uma tese que, apesar de interessante, também não evolui.

Embora denuncie o quadro de injustiça social que caracteriza o país, não acredita ser a pobreza o único fator responsável pela eclosão da violência, mas não aponta claramente as outras causas do problema.

Menciona a necessidade de reduzir a distância entre as classes sociais e de derrotar o narcotráfico, mas não estabelece relações entre as afirmações.

De modo geral, o que falta é hierarquização e desenvolvimento das ideias. O discurso carece de uma linha de raciocínio. Apesar de tratarem do mesmo tema, as ideias não se articulam.

Finalmente, aponta a atividade de ONG como um caminho, ainda que paliativo, por onde trilhar no processo de superação do problema e adverte da importância da conscientização política da população. O texto deveria ter acabado nesse ponto. O que se escreve depois foge ao tema em questão.

REDAÇÃO CORRIGIDA

O dever é de todos

Um dos temas mais abordados pela mídia ultimamente é a violência. Não que se trate de um problema novo em nossa sociedade, mas agora também ameaça as classes média e alta.

No Brasil, a concentração de renda é uma das mais altas do mundo. Verifica-se que uma pequena parcela da população detém grande parte das riquezas do país. Essa disparidade econômica é um dos fatores que provocam a violência. Não se pode esquecer, todavia, que o problema se apresenta de múltiplas formas, que devem ser analisadas de acordo com a situação em que ocorrem para não se afirmar de maneira simplista que é só a pobreza que gera a violência.

O problema, entretanto, só começará a ser resolvido quando medidas de cunho social forem tomadas não apenas para reduzir o alto índice de concentração de renda como também para debelar o tráfico de drogas.

Enquanto isso não acontece, as iniciativas praticadas pelas organizações não governamentais (ONG) e por movimentos sociais são bem-vindas. É o caso daquelas que tentam prevenir a violência na sociedade criando projetos que disseminam cultura entre os jovens por meio da música ou dos esportes.

Ainda assim, é urgente que as pessoas se conscientizem da importância de discutir política, já que é esse o caminho por meio do qual se definem medidas a serem tomadas no país. Afinal, é o Estado que deve garantir a segurança à população.

Hoje, para que a violência seja aplacada, é necessária a união da sociedade civil com o Estado num esforço conjunto.

Rever:

1) coesão (rever os princípios de coordenação – pág. 107-9 – e subordinação – pág. 127-131 –, que orientam o encadeamento das ideias)

2) digressão (o último parágrafo foge ao tema em discussão) – pág. 137-8

O texto, publicado em 29/8/2002, respondia ao seguinte tema:

O caderno "Folha Trainee", publicado em 9/7/2002, apresentou uma série de iniciativas que buscam reduzir a violência nas grandes cidades brasileiras. Elas atuam sobre vários fatores que influem na criminalidade: desemprego, narcotráfico, urbanização, cidadania, qualidade de vida, identidade e família. Redija uma dissertação em que você discuta a questão da violência, suas causas, consequências e possíveis soluções.

Escolha seu candidato

Época de eleição, os candidatos se preparam para uma infindável turnê de divulgação. Inúmeras viagens para a propagação de suas campanhas. E não só eles, mas também os eleitores se preparam para fazer parte de toda a movimentação; cabe a nós ponderarmos cada candidato e suas promessas.

A escolha para aqueles que jamais votaram é difícil e principalmente para aqueles que não suportam política. Mas, mesmo assim, ainda há cidadãos que se preocupam com a situação do país e almejam transformações e crescimento. Buscam se interar dos acontecimentos políticos, debates, saber um pouco mais de cada candidato que possa merecer seu voto.

O candidato tentará achar meios de atingir a população em seu benefício. Usará da religiosidade, para os mais beatos; da humildade; da simplicidade; vai procurar interagir necessidade de um povo com o apoio dos votos necessários. Fará de sua campanha a mais qualificada possível, obtendo o maior número de seguidores.

Apesar de haver oscilações e dúvidas, os eleitores necessitam do otimismo carregado em promessas para se assegurarem de que seu voto pode mudar um país. Procuram fontes para votar de modo que futuramente não se arrependam da confiança depositada em seu candidato, votando consciente ou influenciado.

Início inadequado a uma dissertação
Suprimir a vírgula
Falta problematizar o tema
"ponderar sobre o perfil e as promessas de cada candidato"
"A escolha é difícil" (ordem direta)
Pôr vírgula
Pôr vírgula
Suprimir o trecho
"inteirar-se"
"acompanhar os debates e saber"
"a fim de escolher aquele que possa"
Suprimir a vírgula
"impressionar"
"[...], assim como da humildade e da simplicidade;..."
"em busca"
"com as necessidades do"
"para conquistar"
"eleitores"
"transmitido pelas"
"o"
"motivos"
Suprimir o trecho

Conteúdo fraco compromete discussão do tema

O texto inicia-se com períodos descritivos, como se fosse uma crônica. A dissertação deve partir da exposição do problema a ser discutido. O texto como um todo peca por manter certo tom apático.

Dizer que a escolha de um candidato é difícil para quem nunca votou, e, "principalmente, para aqueles que não suportam política", é banalizar a discussão. Votar, decidir os caminhos a serem percorridos pelo país, é cuidar da própria vida. Trata-se, antes, de um exercício explícito da cidadania que de mero diletantismo de quem aprecia o debate político. Aqueles que dizem "não suportar política" correm o risco de se tornarem alienados.

Ao fazer uma dissertação, é preciso valorizar o tema em pauta, procurar seus vários aspectos, problematizá-lo. O texto acabou enfocando, de maneira acrítica, a estratégia dos candidatos em busca de votos. Demonstra também uma incômoda aceitação do comportamento dos políticos que usam da religiosidade, da humildade e da simplicidade para alcançar seus objetivos imediatos. Na verdade, segundo o texto, esse padrão de comportamento estende-se a todos os políticos.

Uma ideia curiosa, que poderia ter sido desenvolvida, vem no fim do texto, quando se diz que o otimismo das promessas de campanha é positivo por levar o povo a crer em seu poder de transformar o mundo. Conclui com um alerta sobre a importância de escolher criteriosamente os candidatos, embora a argumentação não tenha seguido esse caminho.

Faltaram consistência e organização das ideias.

A difícil escolha de nossos representantes

Não é das mais fáceis a tarefa de escolher nossos representantes. É preciso analisar o perfil e a proposta de cada candidato.

O processo de escolha é mais difícil ainda para aqueles que jamais votaram e, principalmente, para aqueles que não acompanham o dia a dia da política nacional. O pleno exercício da cidadania, no entanto, pressupõe que o eleitor se preocupe com a situação do país e almeje transformações e crescimento. Assim, os verdadeiros cidadãos buscam inteirar-se dos acontecimentos, acompanhar os debates políticos e saber um pouco mais de cada candidato a fim de escolher com critério aquele que vai merecer seu voto.

Cada candidato tenta encontrar meios de atingir a população em seu benefício. Alguns usam a religiosidade para impressionar os mais beatos; outros fazem da humildade e da simplicidade sua bandeira. De modo geral, investem muito dinheiro em suas campanhas, que normalmente são conduzidas por agências publicitárias.

Apesar de haver oscilações e dúvidas, as pessoas necessitam do otimismo transmitido pelas promessas para se assegurarem de que seu voto pode mudar o país. É preciso, todavia, que, após a eleição, seja cobrado dos políticos o cumprimento de seus programas para que futuramente os eleitores não se arrependam da confiança depositada em seu candidato.

Rever:

1) introdução (faltou apresentar um ponto de vista; vale a pena rever estrutura da dissertação – pág. 138) – pág. 146

2) desenvolvimento – pág. 137

3) vocabulário (termos imprecisos: "fontes" por "motivos"; "carregado" por "transmitido"; "seguidores" por "eleitores") – pág. 147

4) generalização (no quarto parágrafo, dá a entender que todos os políticos usam expedientes ilegítimos ou discutíveis para obter votos) – pág. 140

5) no título, dirige-se ao leitor (convém evitar esse procedimento, pois sugere coloquialismo – pág. 136)

O texto, publicado em 10/10/2002, respondia ao seguinte tema:

Elabore um texto dissertativo em que faça uma reflexão sobre os critérios que o levam a escolher um candidato no processo eleitoral. Que características (coerência ideológica, comportamento ético, valores religiosos, competência administrativa etc.) você espera que o político tenha? Você sente-se influenciado pela propaganda eleitoral (de rádio, de TV e de rua), pela divulgação das pesquisas de intenção de voto, pela opinião de amigos, familiares, professores ou líderes religiosos, pela leitura de jornais e revistas ou por outros fatores?

REDAÇÃO COMENTADA

Educar deve ser sinônimo de conversar

Numa sociedade movida na velocidade da internet, era de se esperar que esteja cada vez mais complicado educar os filhos segundo padrão que vigorava há até poucos anos.

Com a enxurrada de informações a que eles têm acesso e com a crescente valorização do erotismo, tanto de mulheres quanto de homens, através da mídia, é natural que os pais sintam-se inseguros ao serem questionados sobre assuntos como sexo, drogas e outros ainda mais pertinentes e não saibam como expor tais assuntos de maneira favorável à educação de seus filhos.

Essa insegurança é o fruto da rígida educação a que esses pais foram submetidos quando crianças, em que nada era questionável e tudo o que se aprendia sobre tais assuntos [...] era através, principalmente, de amigos mais velhos.

Porém assuntos como esses fazem parte da vida de todas as pessoas e hoje em dia são tratados com enorme naturalidade, passando precocemente ao acesso das crianças, numa fase de suas vidas em que tudo é questionado e em que a base de seu caráter esta sendo formada.

Cabe aos pais escolher a melhor forma de expor tais assuntos aos seus filhos, ensinando-os distinguir o certo do errado e ajudando-os na formação de suas opiniões, para que não se corra o risco de que eles sejam induzidos por informações erradas, como no caso das drogas, além de criar vínculos de confiança [...].

Definitivamente o melhor meio de educar é conversando abertamente sobre os mais variados assuntos, para que a relação entre pais e filhos seja fundamentalmente baseada na confiança e na troca de informações aliada à análises conjunta sobre os temas abordados.

Substituir por "é"
"se" redundante (suprimir)
"um"
"até poucos anos atrás"
Suprimir
"na mídia"
"se sintam"
Repetição desnecessária ("expô-los")
Suprimir
"vinha"
Evitar a repetição
"está"
"a"
"evitar"
"influenciados"
"sofram influências negativas e para"
"conversar"
Pôr vírgula
"aliadas"
"análise"
"dos"

Valores são mais instáveis nos dias de hoje

O texto responde ao tema de modo previsível. Mostra a dificuldade de fixar um padrão de conduta em uma época de rápidas transformações. Os pais se veem atropelados pela mídia, que expõe sem cerimônia assuntos considerados tabus na sociedade.

Dizer que os pais se sentem inseguros ao tratar de certos temas por terem sido submetidos a uma "rígida educação" parece discutível – afinal, eles passaram pelas mudanças socioculturais dos anos 1960 e 1970. Devem existir outras razões a considerar.

No quarto parágrafo, é possível que a intenção seja fazer uma espécie de ressalva. Talvez o trecho ficasse mais bem elaborado se fosse usada a conjunção concessiva. Assim: "Embora esses assuntos façam parte da vida de todas as pessoas e, por isso mesmo, devam ser tratados com naturalidade, é importante que as crianças não sejam prematuramente expostas a discussões que ainda não podem compreender".

O quinto parágrafo encaminha-se para a conclusão do texto, mas apresenta como solução aquilo que é, na realidade, o problema: "Cabe aos pais escolher a melhor forma de expor [...] ensinando-os [a] distinguir o certo do errado [...]". Essa parece ser, entretanto, a grande dificuldade dos pais. A rápida transformação dos costumes e dos valores, as inovações tecnológicas e o aumento da violência nos centros urbanos tornam mais difícil a tarefa de saber o que ainda é certo e o que talvez não seja mais errado.

A conclusão contorna a questão central, fazendo o elogio do diálogo honesto entre pais e filhos, o que, sem dúvida, é um caminho necessário a percorrer no processo educativo.

Educar deve ser sinônimo de conversar

Numa sociedade movida na velocidade da internet, é de esperar que esteja cada vez mais complicado educar os filhos segundo um padrão que vigorava até poucos anos atrás.

Com a enxurrada de informações a que eles têm acesso e com a crescente valorização do erotismo na mídia, é natural que os pais se sintam inseguros ao serem questionados sobre assuntos como sexo e drogas, entre outros, e não saibam como expô-los a seus filhos de maneira adequada.

Essa insegurança talvez seja fruto da rígida educação a que esses pais foram submetidos quando crianças, em que nada era questionável e tudo o que se aprendia sobre tais assuntos [...] vinha, principalmente, de amigos mais velhos.

Embora esses assuntos façam parte da vida de todas as pessoas e, por isso mesmo, devam ser tratados com naturalidade, é importante que as crianças não sejam prematuramente expostas a discussões que ainda não podem compreender.

Cabe aos pais encontrar a melhor forma de conversar com os filhos, ensinando-os a distinguir o certo do errado e ajudando-os na formação de suas opiniões, para evitar que eles sofram influências negativas e para criar vínculos de confiança [...].

Definitivamente, o melhor meio de educar é conversar abertamente sobre os mais variados assuntos, para que a relação entre pais e filhos seja baseada na confiança e na troca de informações, aliadas à análise conjunta dos temas abordados.

Rever:

1) repetição desnecessária de palavras (a expressão "tais assuntos" aparece várias vezes)

2) estruturação sintática (convém empregar mais a subordinação – pág. 127-131 –, a fim de mostrar a hierarquização das ideias; veja o quarto parágrafo, por exemplo)

3) vocabulário impreciso ("induzido" por "influenciado") – pág. 147

4) falta de fundamentação ("essa insegurança é o fruto da rígida educação a que esses pais foram submetidos"; como se trata de uma hipótese, melhor seria atenuar o seu caráter afirmativo: "...talvez seja fruto...")

O texto, publicado em 9/5/2002, respondia ao seguinte tema:
Escreva uma dissertação em que relacione os dois textos abaixo:
1. "Educar os filhos é muito simples: é você se relacionar bem com eles." (Marcos Terena, líder indígena)
2. "As coisas mudaram tanto, e mudam ainda tão rapidamente, que não sei como me comportar na educação de meus filhos. A psicóloga da escola tem me ajudado muito." (mãe de crianças de idades entre cinco e nove anos) [tema extraído do vestibular Mackenzie-2001]

REDAÇÃO COMENTADA

Mídia perde credibilidade

Há algumas semanas presenciamos um fato esdrúxulo na televisão brasileira. Uma suposta facção criminosa PCC, representada por dois elementos de codinomes Alpha e Beta ameaçaram diante das cameras do programa *Domingo Legal*, do apresentador Augusto Liberato, pessoas famosas como o padre Marcelo Rossi, o vice-prefeito Hélio Bicudo, os apresentadores Marcelo Resende (Rede TV!), José Luiz Datena (Bandeirantes) e Oscar Roberto de Godoy (Record).

A repercussão foi negativa. As vítimas envolvidas fizeram um boletim de ocorrência contra o comunicador e sua equipe. Então foi descoberto pela polícia que tudo não se passava de uma farsa do Gugu e de sua produção, com o simples intuito de conseguir mais pontos no Ibope.

O pecado capital cometido por Liberato foi estelionato e apologia ao crime, segundo a secretária nacional da Justiça Claudia Chagas.

Este episódio nos faz refletir sobre a verdadeira conduta da mídia e dos seus segmentos que exploram cada vez mais a "inteligência" da população, veiculando notícias "barriga", aquelas que têm como finalidade vender falsas ideias e assim acabam com a sua própria credibilidade diante dos telespectadores.

O que nos cabe como consumidores é zapear em busca de programas de qualidade como os que são exibidos pela TV Cultura, Rede Brasil e redes educativas, que apesar de pouca verba conseguem manter a excelência em sua equipe e programação.

Pôr vírgula

"Supostos representantes da facção criminosa PCC, de codinomes Alpha e Beta,..."

"câmeras"

"Liberato (o Gugu),..."

Pôr vírgula

"de São Paulo, Hélio Bicudo, e"

"registraram uma queixa"

"não passou de"

"engendrada"

"Os crimes cometidos por Liberato foram"

"do"

Pôr vírgula

"Esse"

"[...] 'barrigas', isto é, notícias"

Pôr vírgula

Sugestão: "e, assim,..."

Usar aspas

Pôr vírgula

"pela Rede Brasil e pelas redes"

"emissoras que, apesar de terem pouca verba,..."

"de"

Texto não aprofunda debate sobre o tema

Faltou ao redator investir no desenvolvimento das ideias. A reflexão sobre o tema reduziu-se, praticamente, ao penúltimo parágrafo do texto (que justifica a escolha do título) – e não foi além da constatação de que a divulgação intencional de notícias falsas acarreta perda de credibilidade ao veículo de comunicação e de que resta ao telespectador "zapear" em busca de alternativas.

O simplismo da "solução" do problema é flagrante, pois não leva em conta uma série de elementos. Trata a questão como se ela se esgotasse na manipulação de um controle remoto. Poderia ter refletido sobre o papel da TV na vida das pessoas, sobre o seu grau de influência na sociedade e sobre a importância da liberdade de expressão, conquista que nos torna, de modo geral, avessos à ideia de censura.

Além do conteúdo frágil, o texto apresenta imprecisão no uso do vocabulário. No início, toma por suposta a facção denominada PCC quando, na verdade, o suposto era que as pessoas entrevistadas pelo programa fossem integrantes dela.

O uso da palavra "elemento" na designação de pessoa é traço do jargão policial. Estelionato e apologia do crime, do ponto de vista da Justiça, são crimes, não "pecados capitais". Vale a pena ler mais e familiarizar-se com o uso das palavras.

Mídia perde credibilidade

Há algumas semanas, presenciamos um fato esdrúxulo na televisão brasileira. Supostos representantes da facção criminosa PCC, de codinomes Alpha e Beta, ameaçaram diante das câmeras do programa *Domingo Legal*, do apresentador Augusto Liberato (o Gugu), pessoas famosas, como o padre Marcelo Rossi, o vice-prefeito de São Paulo, Hélio Bicudo, e os apresentadores Marcelo Resende (Rede TV!), José Luiz Datena (Bandeirantes) e Oscar Roberto de Godoy (Record).

A repercussão foi negativa. As vítimas registraram queixa contra o comunicador e sua equipe. Foi descoberto pela polícia que tudo não passou de uma farsa do Gugu e de sua produção, engendrada com o simples intuito de conseguir mais pontos no Ibope.

Os delitos cometidos por Liberato foram estelionato e apologia do crime, segundo a secretária nacional da Justiça, Claudia Chagas.

Esse episódio nos faz refletir sobre a verdadeira conduta da mídia e dos seus segmentos que exploram cada vez mais a "inteligência" da população, veiculando "barrigas", isto é, notícias que têm como finalidade vender falsas ideias, e, assim, acabam com a sua própria credibilidade diante dos telespectadores.

Aparentemente, o que nos cabe como consumidores é "zapear" em busca de programas de qualidade, como os que são exibidos pela TV Cultura, pela Rede Brasil e pelas redes educativas, emissoras que, apesar de terem pouca verba, conseguem manter a excelência de sua equipe e programação.

Infelizmente, porém, uma considerável parcela da população absorve passivamente os conteúdos veiculados pela TV, que goza de grande credibilidade sobretudo nas camadas economicamente menos favorecidas da sociedade.

Enquanto houver um grande público com pouco senso crítico, todos dependeremos da boa vontade dos controladores das emissoras. Isso, é claro, se as classes formadoras de opinião arrefecerem na luta pela criação de um código de ética que estabeleça balizas aceitáveis por todos.

Rever:

1) desenvolvimento (tendência ao simplismo – pág. 146) – pág. 137

2) vocabulário inadequado ("fazer um boletim de ocorrência contra alguém"; "pecados capitais" no lugar de "crimes"; mau emprego do termo "supostos") – pág. 147

O texto, publicado em 16/10/2003, respondia ao seguinte tema:
Recentemente foi ao ar no programa *Domingo Legal*, de Gugu Liberato, uma entrevista com supostos membros da facção criminosa PCC (Primeiro Comando da Capital), na qual foram feitas ameaças de morte a apresentadores de TV e até ao vice-prefeito de São Paulo, Hélio Bicudo. A polícia e o Ministério Público suspeitam de que tenha ocorrido uma fraude, hipótese negada pelo repórter-entrevistador. Com base nesse episódio e em outras informações de que disponha, analise o papel da TV na sociedade, mostrando qual é, na sua opinião, o limite tolerável para a guerra das emissoras pela audiência.

REDAÇÃO COMENTADA

Questão de consciência

Mais uma vez se aproxima o período eleitoral e, enquanto os candidatos se atacam, a população se enche de esperança, ávida por mudanças. Vivemos em uma democracia e, como tal, temos o direito de escolher qual candidato preenche melhor a perspectiva de cada cidadão.

A população, mais consciente do seu papel, não está disposta a permanecer vivendo em um sistema excludente que privilegia os abastados, prova é que todos os atuais candidatos à Presidência têm discurso oposicionista ao atual governo.

O povo percebeu que o poder está em suas mãos e não na de políticos. Cada cidadão consciente sabe que também é sua culpa os problemas nacionais.

Contudo, não se pode negar que ainda existem pessoas sem esclarecimentos que se deixam levar por maus políticos, num ato de politicagem. Na busca de produtos básicos para a sobrevivência, elas trocam o seu voto pelo o que os candidatos oferecem.

A democracia também reduziu bastante a chama que há dentro dos estudantes. Nas décadas de 60, 70 e 80 os jovens eram os principais buscadores de mudanças.

Durante o Impichement de Collor muitos pintaram a cara e foram às ruas sem saber sequer o que estava acontecendo. Portanto, é necessário que sejamos conscientes do nosso direito, mas sobretudo do nosso dever de cidadão. Não basta apenas votar, tem-se que acompanhar o dia a dia de quem nós votamos. Devemos aprender a denunciar e a fiscalizar, já que dividiremos com os eleitos as glórias e, principalmente, os problemas.

"estamos em um"
"a população, ávida por mudanças, enche-se de esperança"
"assim"
"o candidato que melhor corresponde às nossas expectativas"
"continuar"
Pôr vírgula
"[...] – prova disso é"
"de oposição"
Pôr vírgula
"responsável pelos"
Suprimir a vírgula
"esclarecimento,... "
"políticos."
Suprimir o trecho
"Em razão de sua carência extrema,..."
"por produtos necessários à sua subsistência, oportunamente oferecidos por políticos inescrupulosos"
Pôr vírgula
"reivindicadores"
A frase deveria estar no parágrafo anterior
"Já, na época do 'impeachment' do ex-presidente Collor,..."
Suprimir
"dos nossos direitos"
"mas, sobretudo, dos nossos deveres"
"é preciso"
"daqueles em"
"problemas futuros"

Texto apenas tangencia tema proposto

Apesar de conter ideias relativas ao processo eleitoral, o texto parece ter ignorado a questão proposta. Em nenhum momento tratou dos fatores que levam o eleitor a votar em determinado candidato. Diferentemente do que foi solicitado, nada comentou sobre os critérios de escolha. Pode-se dizer que apenas tangenciou o tema sugerido pelo "Fovest".

Baseado no discurso de oposição entoado por todas as candidaturas, o redator acredita que a população já veja com clareza o seu papel de agente transformador da sociedade. Credita ao povo a consciência do poder que tem nas mãos, poder que delega aos políticos por meio do voto – embora aponte ainda a existência de resquícios de velhas práticas inescrupulosas, perpetradas por políticos notadamente mal-intencionados.

Causa alguma surpresa o aparte em que, num raciocínio um tanto simplista, parece responsabilizar a democracia por certo desinteresse pela política, comum entre os jovens eleitores. As implicações de um raciocínio como esse não se coadunam com o tom crítico do restante do texto.

A conclusão mostra a preocupação que se tem generalizado entre os leitores: a necessidade de fiscalizar os atos dos candidatos eleitos, dado que o eleitor é corresponsável tanto pelas glórias como pelos fracassos vindouros.

Apesar de trazer boas ideias ao debate em questão, o texto, infelizmente, não respondeu satisfatoriamente à proposta.

Questão de consciência

Mais uma vez estamos em um período eleitoral, e, enquanto os candidatos se atacam, a população, ávida por mudanças, enche-se de esperança. Vivemos em uma democracia e, assim, temos o direito de escolher o candidato que melhor corresponde às nossas perspectivas.

A população, mais consciente do seu papel, não está disposta a continuar vivendo em um sistema excludente, que privilegia os abastados – prova disso é que todos os atuais candidatos à Presidência têm discurso de oposição ao atual governo.

O povo percebeu que o poder está em suas mãos, e não na de políticos. Cada cidadão consciente sabe que também é responsável pelos problemas nacionais.

Contudo não se pode negar que ainda existem pessoas sem esclarecimento, que se deixam levar por maus políticos. Em razão de sua carência extrema, elas trocam o seu voto por produtos necessários à sua subsistência, oportunamente oferecidos por políticos inescrupulosos.

É possível que a democracia seja responsável, ao menos em parte, pela redução da "chama" que havia dentro dos estudantes. Nas décadas de 1960, 1970 e 1980, os jovens eram os principais reivindicadores de mudanças. Já, na época do "impeachment" do ex-presidente Collor, muitos pintaram a cara e foram às ruas sem saber sequer o que estava acontecendo.

É necessário que sejamos conscientes dos nossos direitos, mas, sobretudo, dos nossos deveres de cidadão. Não basta votar, é preciso acompanhar o dia a dia daqueles em quem nós votamos. Devemos aprender a denunciar e a fiscalizar, já que dividiremos com os eleitos as glórias e, principalmente, os problemas futuros.

Rever:

1) vocabulário (uso impreciso: a construção "se aproxima o período eleitoral" ganha em clareza se substituída por "se aproxima a eleição" ou "estamos em um período eleitoral"; emprega "culpa" no lugar de "responsabilidade") – pág. 147

2) divisão de parágrafos (o trecho "[na época do] *impeachment* de Collor, muitos pintaram a cara e foram às ruas sem saber sequer o que estava acontecendo" explica a frase inicial do parágrafo anterior, que diz que "a democracia reduziu bastante a chama...") – pág. 143

3) coloquialismo (a expressão "o *impeachment* de Collor" ficaria mais formal com a referência ao cargo "do ex-presidente Fernando Collor") – pág. 136

4) simplismo (quando o tema é polêmico, convém evitar o tom definitivo da explicação ou a "explicação fácil"; é melhor usar recursos de atenuação: "é possível que", "uma das possíveis razões" etc.) – pág. 146

O texto, publicado em 26/9/2002, respondia ao seguinte tema:
Elabore um texto dissertativo em que faça uma reflexão sobre os critérios que o levam a escolher um candidato no processo eleitoral. Que características (coerência ideológica, comportamento ético, valores religiosos, competência administrativa etc.) você espera que o político tenha? Você se sente influenciado pela propaganda eleitoral (de rádio, de TV e de rua), pela divulgação das pesquisas de intenção de voto, pela opinião de amigos, familiares, professores ou líderes religiosos, pela leitura de jornais e revistas ou por outros fatores?

REDAÇÃO COMENTADA

Práticas ineficazes

A violência e o crime são praxes brasileiras. Não se trata de hiperbolização ou mesmo depreciação da crença na política governamental. O fato é que o medo do crime interfere diretamente na vida dos cidadãos, obrigando-os a blindar carros, contratar seguranças, fortificar suas casas e clamar por leis mais rígidas que atenuem o temor da torpe violência. É nesse contexto que o Estatuto do Desarmamento é posto em questão.

O projeto é ambicioso e impactante, soa como medida rígida em que o Estado visa manter a autoridade sobre os criminosos. O seu principal objetivo é reduzir o número de armas de fogo, proibindo a sua venda a cidadãos comuns. Trata-se, na realidade, de um engodo, uma prática lasciva mais preocupada em esconder os resultados catastróficos de políticas sociais fracassadas, que resultaram em crime. É útil apenas para mostrar uma possível ação da Justiça diante das exigências da população amendrontada.

As mortes por armas de fogo são em sua maioria causadas por criminosos que adquiriram tais armas ilegalmente, portanto sem o cumprimento das leis. Vê-se nitidamente que leis desarmamentistas não trarão resultados, pois no submundo do crime só há a lei do mais forte. Seria mais lúcido e vantajoso procurar extinguir as causas da criminalização, como por exemplo a desigualdade de renda e a deficiência na educação.

O Estatuto do Desarmamento, se aprovado (pois ainda depende da aprovação da Câmara dos Deputados), terá somente valor simbólico, uma justiça de fachada que é facilmente burlada. A proibição do porte de armas remete mais a uma ditadura do que nos faz vislumbrar a segurança. Tenta-se acabar com a criminalidade enveredando-se por falsos caminhos – dessa forma, por falsos resultados.

"Pode-se dizer que a violência e o crime já se tornaram uma praxe no Brasil."

"exagero nem mesmo de desprezo pela"

"a"

"a"

"a"

Pôr vírgula

Substituir por vírgula

"por meio da qual"

"de"

"prática negligente, que parece atender apenas à preocupação de"

Suprimir o trecho (redundância)

Pôr vírgulas

Pôr vírgula

"ignorando as leis"

"para desarmar a população"

Pôr vírgulas

"criminalidade"

Suprimir expressão redundante

Evitar repetição de palavras. Sugestão: "sanção"

"não passará de [...] fachada, facilmente fraudável"

"faz-nos, mais que vislumbrar a segurança, lembrar os tempos da repressão"

"[...] – mas, dessa forma, chega-se a"

Apesar de bem estruturado, texto precisa de ajustes

Bastante crítico em relação à possibilidade de aprovação do Estatuto do Desarmamento, o redator destaca o valor essencialmente paliativo da medida. Trabalha bem com os argumentos favoráveis ao seu ponto de vista, mas não refuta a argumentação contrária, o que seria conveniente, já que o texto trata de tema polêmico.

A facilidade dos criminosos para adquirir armas de fogo deixa boa parte da população indignada com o fato de ser ela o alvo de um projeto de desarmamento. É como se um direito estivesse sendo tirado do cidadão comum, que ficaria em desvantagem em relação ao seu adversário – afinal, o criminoso (que é quem deveria ser desarmado) não é atingido pela proibição.

Ora, é consenso que criminosos não deveriam ter acesso a armas. Essa não é, portanto, a questão. Esse argumento considera necessariamente a possibilidade de confronto direto entre os criminosos e a população civil, hipótese que, a ser levada em conta, parece eximir o Estado de seu dever de fazer essa mediação.

Ao lembrar que o Estado deve atuar na extinção das causas da criminalidade, o candidato faz uso do argumento de consenso e, com isso, granjeia credibilidade para o texto.

Convém deter-se mais no uso do vocabulário, nem sempre preciso, e fazer ajustes na introdução do texto, em que apresenta um comportamento característico das elites do país como se fosse o de toda a população.

Práticas ineficazes

Pode-se dizer que o crime já se tornou uma praxe no Brasil. Não se trata de exagero nem mesmo de desprezo pela política governamental. O fato é que o medo do crime interfere diretamente na vida dos cidadãos, levando aqueles que têm melhores condições financeiras a blindar carros, a contratar seguranças, a fortificar suas casas e a clamar por leis mais rígidas, que atenuem o temor da torpe violência. É nesse contexto que o Estatuto do Desarmamento é posto em questão.

O projeto, ambicioso e impactante, soa como medida rígida por meio da qual o Estado visa manter a autoridade sobre os criminosos. O seu principal objetivo é reduzir o número de armas de fogo, proibindo a sua venda a cidadãos comuns. Trata-se, na realidade, de um engodo, de uma prática negligente, que parece atender apenas à preocupação de esconder os resultados catastróficos de políticas sociais fracassadas. É útil somente para mostrar uma possível ação da Justiça diante das exigências da população amendrontada.

Embora muito se fale a respeito do risco de acidentes, as mortes por armas de fogo são, em sua maioria, causadas por criminosos, que adquiriram tais armas ilegalmente, portanto ignorando as leis. Vê-se nitidamente que leis para desarmar a população não trarão resultados, pois, no submundo do crime, só há a lei do mais forte. Seria mais lúcido e vantajoso procurar extinguir as causas da criminalidade, como a desigualdade de renda e a deficiência na educação.

O Estatuto do Desarmamento, se aprovado (pois ainda depende da sanção da Câmara dos Deputados), terá somente valor simbólico, não passará de uma justiça de fachada, facilmente fraudável. A proibição do porte de armas faz-nos, mais que vislumbrar a segurança, lembrar os tempos de repressão. Tenta-se acabar com a criminalidade enveredando-se por falsos caminhos – mas, dessa forma, chega-se a falsos resultados.

Rever:

1) vocabulário (imprecisão e tendência ao preciosismo – pág. 144 – observada no uso de expressões como "hiperbolização" por "exagéro", ou "depreciação da crença na política" onde cabe "desprezo pela política"; inadequação observada no uso da expressão "prática lasciva") – pág. 147

2) estruturação sintática deficiente (ver o último parágrafo)

3) faltou fazer a refutação dos argumentos contrários – pág. 145

O texto, publicado em 27/11/2003, respondia ao seguinte tema:
Tem sido alvo de acalorado debate o chamado Estatuto do Desarmamento, segundo o qual se torna proibida a venda de armas aos cidadãos comuns. Aprovado no Senado, o projeto agora tramita na Câmara dos Deputados. Procure informar-se acerca do assunto e elabore um texto em que analise a questão.

REDAÇÃO COMENTADA

O Brasil e a educação

Observa-se atualmente uma ampliação no número de faculdades em todo o Brasil. Porém, esse aumento não está caminhando junto com a elevação da qualidade. O que se nota é uma grande massa de universidades que esta priorizando obter altos lucros em detrimento do nível de seu ensino.

O inacreditável é verificar que um ensino de má qualidade atenta certos tipos de estudantes. Esses, se preocupando apenas em obter um diploma, preferem estudar em uma universidade em que não precisam gastar muitas horas com estudo. Geralmente, também, essas faculdades tem um processo seletivo com uma dificuldade inferior às demais e apresentam um maior número de vagas, atraindo vestibulandos que querem ingressar rapidamente na universidade.

Outro fato a verificar é que alguns estudantes que precisam trabalhar para contruibuir com a renda de suas famílias tambem preferem estudar em universidades que tenham um baixo nível educacional para poderem conciliar o trabalho com o estudo. Assim, poderão se formar sem precisar abdicar do trabalho

Entende-se, que o aumento no número de universidades de baixa qualidade é de causa conjunta entre elas e os estudantes. Porém, é preciso modificar tal quadro. O ensino superior tem um papel fundamental na sociedade que é formar jovens competentes e preparados para ingressar no mercado de trabalho. A educação não pode ficar subordinada à interesses econômicos. É ela que irá abrir portas para um Brasil melhor.

Título muito genérico

"do"

Suprimir a vírgula

"lado a lado"

"uma grande quantidade"

"está" ou "estão priorizando a obtenção de"

"de seu nível de ensino"

"seduz"

"estudante. Estes, preocupando-se"

"frequentar"

"Geralmente, o processo seletivo dessas faculdades apresenta menor grau de dificuldade que o das demais, e as instituições oferecem"

"estudantes, em geral aqueles"

"para contribuir para a renda de suas famílias, também"

"de exigência, pois, dessa forma, conseguem"

"podem formar-se"

Pôr ponto

Suprimir a vírgula

"do"

"revele a perversa convergência dos interesses de uma considerável parcela dos estudantes com os das empresas educacionais"

Suprimir a vírgula

Pôr vírgula

"é o de formar pessoas competentes e aptas a ingressar"

"a interesses econômicos. Afinal, é ela que vai favorecer o desenvolvimento do país em todos os setores."

Ensino superior preocupa candidato

O candidato apresenta boas ideias, em particular a patente preocupação com a mercantilização do ensino superior. A estrutura funciona: o parágrafo inicial propõe claramente o problema, que é discutido em mais dois parágrafos, e a conclusão retoma a tese e explicita o posicionamento crítico em relação ao tema.

Apesar de bem estruturado, o texto ainda revela alguma dificuldade no uso do vocabulário – nada que a prática constante de escrever e, sobretudo, a leitura não possam ajudar a resolver.

O texto descortina a situação difícil do ensino superior no Brasil. A busca de um diploma como um fim em si, produto da ilusão de que as oportunidades são muitas para quem o possui, leva grandes contingentes de jovens a procurar um curso universitário, qualquer que seja, sem se valer de critérios rigorosos no ato da escolha.

Ao mesmo tempo, certas instituições, movidas pelo anseio de lucro, facilitam o acesso dos estudantes aos bancos escolares por meio de grande oferta de vagas e de processo seletivo pouco exigente. Ainda que pouco preparado, o aluno entra na faculdade e pode trabalhar para manter-se e para custear seus estudos.

Ao elaborar o texto, o candidato demonstrou rechaçar o entusiasmo dominante, que vê na proliferação de cursos universitários um sinal da democratização do ensino superior no país.

Há um pouco de verdade e um pouco de hipocrisia nessa versão oficial. A discussão ganharia em qualidade caso se explicitasse a crítica a esse pensamento que vem sendo difundido e que representa o contraponto das ideias defendidas no texto.

Faltou um título capaz de sintetizar o ponto de vista assumido pelo autor.

Ensino superior: quantidade versus qualidade

Observa-se atualmente uma ampliação do número de faculdades em todo o Brasil. Porém esse aumento não está caminhando lado a lado com a elevação da qualidade do ensino. O que se nota é uma grande quantidade de universidades que estão priorizando a obtenção de altos lucros em detrimento de seu nível educacional.

O inacreditável é verificar que um ensino de má qualidade seduz certos tipos de estudante. Estes, preocupando-se apenas em obter um diploma, preferem frequentar uma faculdade em que não precisem gastar muitas horas com estudo. Geralmente, o processo seletivo dessas instituições apresenta menor grau de dificuldade que o das demais, e as escolas oferecem maior número de vagas, atraindo vestibulandos que querem ingressar rapidamente no ensino superior.

Outro fato a verificar é que alguns estudantes, em geral aqueles que precisam trabalhar para contribuir para a renda de suas famílias, também preferem estudar em instituições que tenham um baixo nível de exigência, pois, dessa forma, conseguem conciliar o trabalho com o estudo. Assim, podem formar-se sem precisar sacrificar o emprego.

Entende-se que o aumento do número de universidades de baixa qualidade revele a perversa convergência dos interesses de uma considerável parcela dos estudantes com os das empresas educacionais. Porém é preciso modificar tal quadro. O ensino superior tem um papel fundamental na sociedade, que é o de formar pessoas competentes e aptas a ingressar no mercado de trabalho. A educação não pode ficar subordinada a interesses econômicos. Afinal, é ela que vai favorecer o desenvolvimento do país em todos os setores.

Rever:

1) uso de clichê ou lugar-comum ("abrir as portas para um Brasil melhor") – pág. 136

2) vocabulário (há certa imprecisão; no contexto, "seduzir" parece mais claro que "atentar", pois esse verbo tem vários significados diferentes) – pág. 147

3) repetição desnecessária de palavras (em vez de "estudantes... preferem estudar em uma universidade...", pode-se dizer, por exemplo, "estudantes preferem frequentar uma universidade...")

4) o título é demasiado genérico – pág. 146-7

O texto, publicado em 19/12/2002, respondia ao seguinte tema:
De acordo com dados do Censo do Ensino Superior, o número de alunos que ingressaram na universidade cresceu 16,46% entre 2000 e 2001, mas esse impacto foi quase totalmente absorvido pela rede particular, que tem recebido avaliação inferior à da rede pública. Elabore um texto dissertativo em que você analise essa questão.

REDAÇÃO COMENTADA

Aprendendo a votar

Escolher um candidato às vésperas de eleições não é tarefa fácil. Especialmente, porque durante seu mandato pouco conhecemos sobre suas ações, pois mantêm-se praticamente anônimos.

O horário eleitoral, diário e obrigatório, nos apresenta uma série de opções. Selecionar entre tantos, os melhores, é desconfortável – já que todos se acusam de corrupção, improbidade administrativa, morosidade etc.

O eleitor, por medo de mudanças, escolhe aquele candidato que já conhece, que por consequência reelege-se por três ou quatro vezes em cargos públicos diferentes.

Votar significa delegar ao eleito, o direito de agir em nome de cada cidadão. Portanto, é necessário que cada brasileiro estabeleça critérios para sua decisão. Não basta apenas, que o candidato tenha formação nas melhores escolas e universidades do mundo. É importante, que pense no conjunto de seu país e lute, incansavelmente, para que os problemas sejam solucionados trazendo benefícios e resultados positivos à maioria da população, entenda-se, aos mais pobres.

O programa de governo de cada partido deve ser consultado visando uma escolha coerente com as urgências da população. Este aspecto precisa ser mais valioso do que aparência, sobrenome e valores religiosos dos candidatos.

O eleitor que não se decide por sua própria vontade, acaba incentivado por pesquisas de opinião – optando por aquele que está em primeiro lugar, entendendo também ser vencedor das eleições. De fato, não está errado, também o é.

Cabe a cada votante acompanhar, após as eleições, o dia a dia daquele que recebeu sua predileção e confiança. Assim terá uma base sólida para a próxima "corrida", sem deixar que seu voto mergulhe em seu próprio esquecimento.

"candidatos"
"de"
"o que, em parte, resulta de nosso desinteresse pela vida política do país"
"apresenta-nos"
"candidatos"
Suprimir as vírgulas
"difícil"
"negligência"
"em geral"
"os candidatos mais conhecidos"
"consequentemente"
"para diferentes cargos públicos"
"se reelegem"
Suprimir as vírgulas
"um"
"tomar"
Suprimir (redundância)
Suprimir a vírgula
"adquirido"
Suprimir a vírgula
Suprimir trecho (redundância)
Pôr vírgula
"para que se faça"
"Esse"
"valorizado"
"a"
"crenças religiosas"
"as"
"o"
Suprimir a vírgula
"influenciado"
"não raro, opta"
"corroborando a opinião divulgada como dominante"
"cidadão"
"a votação"
"seu voto de"
"evitando"

Unidade e coerência garantem qualidade do texto

Coerente com a proposta, o texto trata da dificuldade de escolha dos candidatos em época de eleição – em geral um efeito da indecisão, do receio e da descrença na classe política. Num tom crítico e, ao mesmo tempo, sóbrio, o redator procurou mostrar que o comportamento da maioria da população tem raízes na falta de cultura política do país.

Os eleitores pouco acompanham a vida nacional e, em particular, as atividades dos políticos a quem concedem o seu voto. Isso acarreta certo conservadorismo, fruto antes do medo da mudança que da convicção em determinados valores. A troca de acusações feita pelos candidatos tende a alimentar na população a desconfiança que já nutre pela classe política como um todo. Indecisos, muitos eleitores se deixam influenciar pelos números divulgados às vésperas da eleição – afinal, há sempre quem torça pelo time que está ganhando.

O estudante demonstra estar consciente do poder de que é investido o voto e da importância de definir critérios para a escolha dos representantes. Valoriza, sobretudo, o compromisso do candidato com a população, principalmente com os seus estratos menos favorecidos (de resto, aqueles que mais precisam da ação do Estado). Revela ter visão crítica e capacidade de discernimento.

O parágrafo final alerta para a necessidade de acompanhar a vida política do país e, em especial, as ações daqueles a quem se confia o voto. Só assim se pode, de fato, aprender a votar. O título remete à conclusão, conferindo unidade ao texto.

Aprendendo a votar

Escolher candidatos às vésperas de eleições não é tarefa fácil. Especialmente, porque, durante seu mandato, pouco conhecemos de suas ações, o que, em parte, resulta de nosso desinteresse pela vida política do país.

O horário eleitoral, diário e obrigatório, apresenta-nos uma série de candidatos. Selecionar entre tantos os melhores é difícil – já que todos se acusam de corrupção, improbidade administrativa, negligência etc.

O eleitor, por medo de mudanças, escolhe em geral os candidatos mais conhecidos, que consequentemente se reelegem por três ou quatro vezes para diferentes cargos públicos.

Votar significa delegar ao eleito o direito de agir em nome de cada cidadão. Portanto é necessário que cada um estabeleça critérios para tomar sua decisão. Não basta que o candidato tenha adquirido formação nas melhores escolas e universidades do mundo. É importante que pense no conjunto de seu país e lute, incansavelmente, para que os problemas sejam solucionados, trazendo benefícios à maioria da população – entenda-se, aos mais pobres.

O programa de governo de cada partido deve ser consultado para que se faça uma escolha coerente com as urgências da população. Esse aspecto precisa ser mais valorizado do que a aparência, o sobrenome e as crenças religiosas dos candidatos.

O eleitor que não se decide por sua própria vontade acaba influenciado por pesquisas de opinião – não raro, opta por aquele que está em primeiro lugar, corroborando a opinião divulgada como dominante.

Cabe a cada cidadão acompanhar, após a votação, o dia a dia daquele que recebeu seu voto de confiança. Assim terá uma base sólida para a próxima "corrida", evitando que seu voto mergulhe em seu próprio esquecimento.

Rever:

1) redundância ("benefícios" e "resultados positivos" querem dizer a mesma coisa) – pág. 145

2) vocabulário (algumas imprecisões: "desconfortável", no contexto, pode ser substituído por "difícil", "morosidade" por "negligência", "incentivado" por "influenciado", "valioso" por "valorizado"; é inadequado o uso do termo "brasileiro" no quarto parágrafo, pois a pessoa não está sendo tomada em sua condição de nascida no Brasil; não é o "brasileiro" que deve ter critérios para decidir em quem votar, é o cidadão) – pág. 147

O texto, publicado em 12/9/2002, respondia ao seguinte tema:
Elabore um texto dissertativo em que faça uma reflexão sobre os critérios que o levam a escolher um candidato no processo eleitoral. Que características (coerência ideológica, comportamento ético, valores religiosos, competência administrativa etc.) você espera que o político tenha? Você se sente influenciado pela propaganda eleitoral (de rádio, de TV e de rua), pela divulgação das pesquisas de intenção de voto, pela opinião de amigos, familiares, professores ou líderes religiosos, pela leitura de jornais e revistas ou por outros fatores?

REDAÇÃO COMENTADA

Reprimir não é a solução

A violência torna-se a cada dia mais corriqueira e frequente dentro dos grandes centros urbanos brasileiros, e incidentes, como o ocorrido com a estudante carioca no começo deste mês, trazem a tona uma discussão sobre a forma de abordagem que os poderes públicos vêm tendo em relação à questão da segurança.

Da classe econômica que se poderia esperar uma visão mais consciente sobre esse problema, tendo em vista a oportunidade de estudo, o acesso à cultura e a informação que ela possui, parte uma opinião repressora e reacionária. Uma recente pesquisa publicada na *Folha* aponta que a maioria dos jovens da elite econômica brasileira apresenta posturas extremamente conservadoras em relação ao rigor da punição a criminosos. Muitos são favoráveis à pena de morte, trabalhos forçados e prisão perpétua.

Opinião lamentável. Jovens com essas condições deviam ter em mente que o crime é uma consequência de um problema social muito mais amplo, e que apenas atacar e reprimir essa consequência só camufla e joga o problema mais pra frente, pois as causas continuam a existir. Essas causas, sim, deveriam ser atacadas com tanta veemência. Esses jovens têm condições de perceber que apenas com um programa social adequado, melhores escolas, mais acesso à informação, capacitação profissional, programas de redução de desemprego o índice de criminalidade será reduzido.

Essa inadmissível opinião pode ser em parte compreendida tendo em vista outra atitude lamentável dessa mesma elite econômica. Desses jovens, 33% não leem livros, e 50% leem no máximo três livros durante um ano. Essa é mas uma prova de que a falta de cultura pode depravar e corromper as opiniões de um ser humano. Enquanto os jovens ricos, aculturados e alienados, têm suas ideias desviadas para uma repressão infundada e ineficaz, os jovens pobres, talvez por falta de escolha, têm seus pensamentos voltados para o mundo do crime.

E com certeza o extermínio desses criminosos não é a solução.

"nos"
Suprimir as vírgulas
"à"
"como"
"abordando a"
"de"
"desse"
"e"
"à"
Suprimir trecho
"partem as ideias mais reacionárias"
Sugestão: "Recente"
"revela"
"a"
"à"
"deveriam"
Suprimir a vírgula
"adia a resolução do problema,..."
"Estas,..."
Pôr dois travessões
Pôr vírgulas
"outro comportamento"
"muito pouco"
"mais"
"ideias de uma pessoa"
"para a convicção em"
Evitar a generalização
Pôr vírgulas
"para o problema da violência"

Coerência favorece defesa de tese

Desde o parágrafo inicial, quando menciona fato ocorrido recentemente no Rio de Janeiro, o redator demonstra envolvimento no debate sobre a violência e convoca o leitor a participar da discussão.

Desenvolve um raciocínio por meio do qual apresenta como um paradoxo o fato de os jovens da elite econômica do país terem ideias conservadoras (ou "reacionárias").

Embora o fato, atestado em recente pesquisa divulgada pela mídia, não constitua necessariamente uma contradição, o redator, a serviço da defesa da tese de que é o investimento social que reduz a criminalidade, constrói uma argumentação coerente. Para ele, soa como disparate o fato de os que mais acesso têm aos bens de cultura e à informação serem os arautos da volta da pena de talião.

Ganha ponto no quesito coesão ao cobrar que seja usada no combate às causas da violência a mesma veemência empregada na defesa da repressão aos criminosos.

Estabelece relações entre os dados da pesquisa e, assim, explica o conservadorismo dos jovens da elite: a falta de leitura, combustível da alienação, aliada ao processo de massificação da sociedade, encaminha os jovens mais abastados para um comodismo acrítico.

Termina o texto assinalando a oposição entre os que vivem na alienação e os que enfrentam a realidade e, habilmente, valoriza seu ponto de vista.

REDAÇÃO CORRIGIDA

Reprimir não é a solução

A violência torna-se a cada dia mais corriqueira e frequente nos grandes centros urbanos brasileiros, e incidentes como o ocorrido com a estudante carioca no começo deste mês trazem à tona uma discussão sobre a forma como os poderes públicos vêm abordando a questão da segurança.

Da classe econômica de que se poderia esperar uma visão mais consciente desse problema, tendo em vista a oportunidade de estudo e o acesso à cultura e à informação, é que partem as ideias mais reacionárias. Recente pesquisa publicada na *Folha* revela que a grande maioria dos jovens da elite econômica brasileira apresenta posturas extremamente conservadoras em relação ao rigor da punição a criminosos. Muitos são favoráveis à pena de morte, a trabalhos forçados e à prisão perpétua.

Opinião lamentável. Jovens com essas condições deveriam ter em mente que o crime é uma consequência de um problema social muito mais amplo e que apenas atacar e reprimir essa consequência só camufla e adia a resolução do problema, pois as causas continuam a existir. Essas causas, sim, deveriam ser atacadas com tanta veemência. Esses jovens têm condições de perceber que apenas com um programa social adequado – melhores escolas, mais acesso à informação, capacitação profissional, programas de redução do desemprego – o índice de criminalidade será reduzido.

Essa inadmissível opinião pode ser, em parte, compreendida tendo em vista outro comportamento lamentável dessa mesma elite econômica. Desses jovens, 33% não leem livros, e 50% leem muito pouco. Essa é mais uma prova de que a falta de leitura limita as ideias de uma pessoa. Enquanto os jovens ricos, aculturados e alienados, têm suas ideias desviadas para a convicção em uma repressão infundada e ineficaz, uma parcela dos jovens pobres, talvez por falta de escolha, tem seus pensamentos voltados para o mundo do crime.

E, com certeza, o extermínio desses criminosos não é a solução para o problema da violência.

Rever:

1) vocabulário (para ganhar em clareza, pode-se substituir "opinião repressora e reacionária" por "ideias reacionárias" ou por "opinião radical"; no lugar de "a falta de cultura pode depravar e corromper as opiniões de um ser humano", pode-se dizer, por exemplo, "a falta de leitura limita as ideias de uma pessoa"; a palavra "cultura" tem sentido muito amplo, e seu uso como sinônimo de "erudição" pode denotar preconceito; "depravar e corromper" são sinônimos e pouco adequados ao complemento "opinião"; "ser humano" é expressão muito ampla para o contexto, pois o tema não é a condição humana) – pág. 147

2) coloquialismo ("jogar o problema mais pra frente" por "adiar a resolução do problema") – pág. 136

3) generalização ("os jovens pobres, talvez pela falta de escolha, têm seus pensamentos voltados para o mundo do crime") – pág. 140

O texto, publicado em 12/6/2003, respondia ao seguinte tema:
Texto de Gilberto Dimenstein (publicado no caderno "Cotidiano", da *Folha de S.Paulo*, em 18/5/2003) abordou os resultados de uma pesquisa feita entre estudantes da rede particular de ensino das classes A e B. Mais de um terço deles defende a adoção de medidas duras contra a violência: pena de morte (33,5%), trabalhos forçados para os detentos (26,5%), fim dos "privilégios" no sistema carcerário (22%) e prisão perpétua (9%). Desses estudantes, 31% afirmaram não lerem livros não escolares, e 50% disseram ler de um a três livros por ano. O colunista terminava o artigo com a pergunta: "Será que um segmento expressivo da nossa elite será violento e iletrado?" Elabore uma dissertação em que tente responder à questão proposta pelo jornalista.

REDAÇÃO COMENTADA

Tragédia prevista

Dizer que a tragédia ocorrida no Centro de Lançamento de Alcântara, onde uma explosão cuja causa ainda é desconhecida ceifou a vida de duas dezenas de pessoas, era prevista, constitui certo hiperbolismo, mas analisando o modo como o projeto era conduzido, fica claro que a desorganização e o descaso das autoridades são os artífices do desastre.

Pesquisa científica e desenvolvimento tecnológico são essências para o desenvolvimento de uma nação. Os benefícios que o programa espacial brasileiro traria com o lançamento de um satélite nacional são imensuráveis. Estima-se que somente as informações meteorológicas trariam lucros na ordem de R$ 2 bilhões à agricultura, e vários outros setores seriam beneficiados, como a localização de jazidas de diamantes e metais preciosos, comunicações, estudos da geografia brasileira e, sobretudo, a independência de satélites americanos e franceses.

A importância do projeto não tem encontrado abrigo na agenda do governo, nem sequer as verbas destinadas e aprovadas haviam sido liberadas. É certo que o país tem carências gigantescas em setores vitais para a sociedade, mas um projeto de tal envergadura deve ser prioridade nacional, tanto pela importância estratégica como pela segurança dos envolvidos. Projetos dessa natureza são caríssimos e não podem ser submetidos a cortes orçamentários.

Os depoimentos dos técnicos envolvidos no programa espacial, atestam que muitas vezes, trabalharam com materiais inadequados devido aos parcos recursos existentes. Sem dúvida é lamentável o fato das autoridades despertarem de sua imobilidade somente quando tragédias como essa ocupam as capas dos jornais.

Suprimir a vírgula

Palavra inadequada

"previsível pode constituir um exagero, mas, analisando"

"foram"

"essenciais"

"crescimento"/"progresso" (evitar a repetição de palavras)

"já trouxessem"

"da"

Faltou arrolar os setores propriamente ditos

Sugestão: "agricultura. Além disso, é incontestável o ganho a ser auferido pelo país em vários setores, como o de comunicações e o de extração de minérios. Isso sem contar as vantagens que adviriam da independência em relação aos satélites americanos e franceses."

"[...], entretanto, infelizmente"

"[...]. Nem"

"destinadas a ele e já aprovadas"

Suprimir a vírgula

Suprimir a vírgula

Pôr vírgula

Sugestão: "Depoimentos de técnicos que participaram do programa espacial revelaram que, muitas vezes, era preciso trabalhar com materiais inadequados, tamanha era a carência de recursos."

Pôr vírgula

"o fato de as autoridades despertarem" ou "que as autoridades despertem"

"a primeira página"

Bem organizado, texto investe na unidade

O redator opta pela firme defesa da manutenção do programa espacial brasileiro, uma das possíveis respostas à questão-tema. Não economiza as críticas ao Estado, a quem atribui a responsabilidade pelo acidente ocorrido em Alcântara.

Embora careça de dados que confirmem a "desorganização e o descaso das autoridades", o texto mantém a unidade, o que é positivo. Arrolam-se os benefícios que o desenvolvimento tecnológico traria ao país e faz-se a crítica à pouca importância dispensada ao tema pelo governo (talvez fosse o caso de falar em sucessivos governos).

O terceiro parágrafo estabelece com o anterior relação de oposição, mas faltou um conectivo que a explicitasse. Seria interessante empregar uma conjunção adversativa (mas, porém, entretanto etc.) para fazer a ligação: "A importância do projeto, entretanto, infelizmente não tem encontrado...". O uso do advérbio "infelizmente" reforçaria a posição do autor diante do tema.

Ainda no terceiro parágrafo, ao dizer que "é certo que o país tem carências...", o redator utiliza – e bem – o recurso da atenuação. Mostra que reconhece o outro lado da questão e, ao mesmo tempo, valoriza o seu ponto de vista, confirmando a própria opinião.

A conclusão retoma a introdução e, reforçando a unidade do texto, fecha o raciocínio.

Tragédia prevista

Dizer que a tragédia ocorrida no Centro de Lançamento de Alcântara, onde uma explosão cuja causa ainda é desconhecida ceifou a vida de duas dezenas de pessoas, era previsível pode constituir um exagero, mas, analisando o modo como o projeto era conduzido, fica claro que a desorganização e o descaso das autoridades foram os artífices do desastre.

Pesquisa científica e desenvolvimento tecnológico são essenciais para o crescimento de uma nação. Os benefícios que o programa espacial brasileiro traria com o lançamento de um satélite nacional são imensuráveis. Estima-se que somente as informações meteorológicas já trouxessem lucros da ordem de R$ 2 bilhões à agricultura. Além disso, é incontestável o ganho a ser auferido pelo país em vários setores, como o de comunicações e o de extração de minérios. Isso sem contar as vantagens que adviriam da independência em relação aos satélites americanos e franceses.

A importância do projeto, entretanto, infelizmente não tem encontrado abrigo na agenda do governo. Nem sequer as verbas destinadas a ele e já aprovadas haviam sido liberadas. É certo que o país tem carências gigantescas em setores vitais para a sociedade, mas um projeto de tal envergadura deve ser prioridade nacional tanto pela importância estratégica como pela segurança dos envolvidos. Projetos dessa natureza são caríssimos e não podem ser submetidos a cortes orçamentários.

Depoimentos de técnicos que participaram do programa espacial revelaram que, muitas vezes, era preciso trabalhar com materiais inadequados, tamanha era a carência de recursos. Sem dúvida, é lamentável que as autoridades despertem de sua imobilidade somente quando tragédias como essa ocupam as primeiras páginas dos jornais.

Rever:
1) repetição desnecessária de palavras ("desenvolvimento" no segundo parágrafo)
2) vocabulário (algumas inadequações e tendência ao preciosismo – pág. 144 – ao empregar "hiperbolismo", que é o uso imoderado da hipérbole, por "exagero") – pág. 147
3) paralelismo semântico (no segundo parágrafo, ao mencionar os setores que seriam beneficiados pelo investimento no programa espacial, mistura expressões como "localização de jazidas e diamantes", que não é um setor; mas a sua atividade, com "comunicações", que é um setor; "estudos de geografia" e "independência de satélites americanos e franceses", que não são setores) – pág. 116-7
4) coesão (convém explicitar as relações entre as ideias; vale a pena usar a conjunção adversativa na introdução do terceiro parágrafo) – pág. 136
5) ambiguidade sintática (no último parágrafo, o trecho "os depoimentos dos técnicos envolvidos no programa espacial atestam que, muitas vezes, trabalharam..." remete a duas leituras, pois a forma verbal "trabalharam" pode referir-se não só a técnicos mas, ainda que o sentido seja absurdo, a "depoimentos") – pág. 134

O texto, publicado em 18/9/2003, respondia ao seguinte tema:
O acidente ocorrido na base de Alcântara com o VLS-1, responsável pela morte de 21 pessoas, pôs em discussão a validade do investimento brasileiro em um programa espacial. Há quem acredite que essa não seja uma prioridade em um país em desenvolvimento, cujas carências sociais requerem atendimento mais urgente. Mas, segundo o presidente Luiz Inácio Lula da Silva, o programa é fundamental por uma questão de soberania. Procure informar-se sobre o acordo para uso da base de Alcântara firmado entre o Brasil e os EUA, que, ainda em tramitação no Congresso Nacional, possui algumas cláusulas de conteúdo polêmico. Elabore um texto dissertativo abordando a questão.

Gramática essencial

1. ACENTUAÇÃO GRÁFICA

1.1. Acentuação dos monossílabos: são acentuados apenas os monossílabos tônicos terminados em –a (s), –e (s), –o (s).

Dê-me um copo de vinho.

Na frase acima, percebe-se que a forma verbal "dê" é pronunciada com mais força do que a preposição "de".

As preposições, certos pronomes oblíquos, os artigos e as conjunções de uma só sílaba são formas átonas.

Assim: não se acentuam os monossílabos átonos: por, com, sem, a, de, em (preposições); me, te, se, nos, vos, o (s), a (s), lhe (s) (pronomes oblíquos); o (s), a (s), um, uns (artigos); que, se, mas (conjunções).

1.2. Acentuação das palavras oxítonas (aquelas cuja sílaba tônica é a última). Acentuam-se somente as oxítonas terminadas em –a (s), –e (s), –o (s), –em, –ens.

Assim: sof**á**, Paran**á**, ip**ê**, vend**ê**-lo, atrav**és**, retr**ós**, rep**ô**-lo, ref**ém**, armaz**ém**, algu**ém**, parab**éns**.

1.3. Acentuação das palavras paroxítonas (aquelas cuja sílaba tônica é a penúltima). Acentuam-se as paroxítonas terminadas em –r, –x, –n, –l, –ps, –um, –uns, –i (s), –us, –ons, –ã (s) e em ditongos seguidos ou não de –s.

Observação: secretar**ia** (hiato)
secretár**ia** (ditongo)
revólve**r** (paroxítona terminada em –r)
revolver (oxítona)

Assim: caráte**r**, márt**ir**
tóra**x**, láte**x**
póle**n**, próto**n** (s)
possíve**l**, fáci**l**
bíce**ps**, fórce**ps**
álbu**m**, álbu**ns**
júr**i**, tên**is**
ôn**us**, bôn**us**
elétr**ons**, í**ons**
ím**ã**, órf**ãs**
cár**ies**, sót**ão** (s)

Observação: a palavra "quorum" (latim) não recebe acento gráfico.

1.4. Com a reforma ortográfica, não se acentua mais a primeira vogal tônica do hiato "oo".

o v**oo**, o enj**oo**, eu te abenç**oo**

1.5. Não se acentuam as paroxítonas terminadas em –em, –ens.

Assim: jovem – jovens, nuvem – nuvens, homem – homens, item – itens, vertigem – vertigens etc.

Observação: hífen – hifens, pólen – polens, sêmen – semens etc.

1.6. Acentuação das palavras proparoxítonas (aquelas cuja sílaba tônica é a antepenúltima). Acentuam-se todas as proparoxítonas.
Assim: crisântemo, genética, hábito.
Observação: não se acentuam as palavras latinas "deficit" e "superavit".

1.7. Com a reforma ortográfica, não se acentuam mais os ditongos abertos tônicos [-éu (s), -éi (s), -ói (s)] das palavras paroxítonas.
Assim: id**ei**a, plat**ei**a, j**oi**a, jib**oi**a, paran**oi**co, her**oi**co, aster**oi**de, espermatoz**oi**de etc.
Atenção: o acento dos ditongos abertos tônicos permanece nos monossílabos e nas palavras oxítonas.
Assim: c**éu**, m**ói**, her**ói**, past**éi**s, lenç**ói**s etc.
Observação: palavras como "pasteizinhos" e "lençoizinhos" não são graficamente acentuadas, pois não são oxítonas terminadas em ditongo aberto.

1.8. Acentuam-se o -i (s) e o -u (s) tônicos que formam hiato com a sílaba anterior.
Assim: sa**ú**de, saída, bala**ú**stre, ego**í**sta.

Exceções:
1.8.1. Não se acentua a vogal tônica dos hiatos seguidos de –nh
Assim: rainha, bainha, ladainha, moinho etc.

1.8.2. Não se acentuam as vogais –i e –u precedidas de vogal idêntica
Assim: xiita, vadiice, sucuuba etc.

1.8.3. Com a reforma ortográfica, não se acentuam mais o –i e o –u tônicos antecedidos de ditongos nas palavras paroxítonas.
Assim: feiura, boiuno, baiuca, bocaiuva, Sauipe etc.
Observação 1: há palavras que são acentuadas apenas no plural.
Assim: juiz – juízes, raiz – raízes
Observação 2: não ocorre hiato em: intuito, gratuito, circuito, fluido **(substantivo).**
Observação 3: mesmo antecedidos de ditongo, o –i e o –u tônicos permanecem acentuados se a palavra for oxítona.
Assim: teiú, tuiuiú, Piauí etc.

1.9. Com a reforma ortográfica, não se acentuam mais as formas verbais das terceiras pessoas dos verbos *crer*, *dar*, *ler* e *ver*.
Assim:
ele crê – eles creem
que ele dê – que eles deem
ele lê – eles leem
ele vê – eles veem

1.10. Acentuam-se as formas verbais das terceiras pessoas dos verbos *ter* e *vir* da seguinte forma:
ele tem – eles têm
ele vem – eles vêm
Observação: os verbos derivados de "ter" e de "vir" recebem acento também na segunda e na terceira pessoa do singular. Assim:
tu reténs, ele retém, eles retêm
tu intervéns, ele intervém, eles intervêm

1.11. Grupos *que, qui, gue, gui*
Com a reforma ortográfica, esses grupos deixam de receber o trema e o acento agudo.
Assim: sequestro, pinguim, aguentar, averigue, argui etc.
Observação: não houve alteração de pronúncia das palavras em questão.

1.12. Com a reforma ortográfica, o acento diferencial deixa de ser usado na maior parte dos casos.
1.12.1. Permanece nos seguintes termos:
a) pode (presente) – pôde (pretérito perfeito)
b) por (preposição) – pôr (verbo)

1.12.2. Desaparece nos seguintes casos:
a) coa, coas (contrações) – coa (substantivo, verbo "coar"), coas (verbo "coar")
b) para (preposição) – para (verbo "parar")
c) pelo (s) (preposição) – pelo (s) (substantivo), pelo (verbo)
d) pela (s) (preposição) – pela (s) (substantivo ou verbo)
e) pera (preposição arcaica) – pera (fruta), pera (pedra)
f) polo (a) (s) (contração arcaica) – polo (s) (extremidade, jogo), polo (s) (filhote de gavião), pola (s) (surra), pola (s) (ramo de árvore)
g) pero (conjunção arcaica) – pero (fruta)
Observação: podem ser considerados acentos diferenciais os que ocorrem nas seguintes palavras: porque (conjunção) – porquê (substantivo); que (conjunção, pronome) – quê (quando substantivo ou em posição tônica). Esses permaneceram do mesmo modo.

2. HIFENIZAÇÃO

Com a reforma ortográfica, algumas regras de hifenização sofreram alteração.

2.1. O hífen com os prefixos e elementos de composição
a) Haverá hífen quando a última letra do prefixo for idêntica à letra inicial do termo subsequente ou quando este se iniciar por "h". Assim:

extra-aula, entre-eixos, multi-instrumentista, micro-ondas, sub-bibliotecário, hiper-real, pan-negritude, anti-higiênico, sobre-humano, super-herói, trans-histórico, pan-helênico; multifacetado, infantojuvenil, pandemia etc.
Dupla grafia: carbo-hidrato e carboidrato, carbo-hemoglobina e carboemoglobina, carbo-hidrase e carboidrase, turbo-hélice e turboélice.

b) Prefixos terminados em vogal requerem duplicação das letras "r" e "s" quando postos diante de termos iniciados por elas. Assim:
minirreforma, autorretrato, antirracista, ultrassom, minissérie, autossustentável etc.

c) Prefixos terminados em vogal justapõem-se a termos iniciados por outras vogais, de modo que não se contrarie o que foi dito no item (a). Assim:
autoescola, extraoficial, antiestético, infraestrutura, autoatendimento etc.
Observação: prefixos átonos monossilábicos terminados em vogal (co-, pre-, pro- e re-) aglutinam-se ao elemento posterior, suprimindo-se o "h" e duplicando-se o "r" e o "s" quando necessário. Assim:
coabitar, coerdeiro, coocupante, corresponsável, cosseno, preexistente, predeterminado, prejulgar, proativo, proatividade, reaver, reescrever, ressignificar, rerratificar etc.
Atenção: as formas tônicas (acentuadas) "pré-" e "pró-" sempre se separam por hífen do termo subsequente (pré-adolescente, pré-datado, pré-nupcial, pré-cambriano, Pré-História, pró-reitor, pró-britânico etc.)
Observação: nas expressões latinas, usa-se "pro" sem acento e sem hífen (pro domo, pro forma, pro rata).
Dupla grafia: pré-requisito e prerrequisito, pró-ativo e proativo, pró-labore (aportuguesado) e pro labore (latim).

d) Prefixos terminados em "b" requerem hífen não só diante dos termos iniciados por "b" e "h" como também daqueles iniciados por "r". Assim:
sub-base, sub-hemisférico, sub-região, ob-rogar etc.
Dupla grafia: ab-rupto e abrupto, sub-humano e subumano, sub-humanidade e subumanidade, sub-hepático e subepático, sub-hirsuto e subirsuto, sub-híspido e subíspido.

e) Prefixo "ad-" (terminado em "d") separa-se por hífen de termos iniciados por "d", "r" ou "h". Assim: ad-digital, ad-rogar etc.

f) Prefixos terminados em "–r" separam-se por hífen de termos iniciados por "r" ou "h"; nos demais casos, aglutinam-se ao elemento subsequente. Assim: cibercafé, ciberespaço, ciber-humano, supermercado, super-homem, super-religioso, superfácil, interplanetário, internacional, interestadual, inter-regional, hipermercado, hiper-realista, nuperpublicado, nuper-revelado etc. ("nuper-" quer dizer "recém-")

g) Prefixos "pan-" e "circum-" separam-se por hífen de termos iniciados por vogais, "h", "m" e "n". Nos demais casos, ocorre aglutinação com o segundo elemento, obedecendo-se ao princípio de que, antes de "p" e "b", se emprega a letra "m" e, antes das outras consoantes, a letra "n". Assim: pan-americano, pan-helênico, pan-negritude, pansexual, pampsiquismo, circum-ambiente, circum-navegação, circum-murado, circuncisão, circunferência etc.

h) Prefixo "trans-" aglutina-se ao elemento subsequente (não ocorre duplicação da letra "s"), exceto diante de termos iniciados por "h". Assim: transposição, transporte, transexual, trans-histórico etc.

i) Prefixos "além-", "aquém-", "recém-"; "ântero-", "ínfero-", "êxtero-", "póstero-"; "ex-" (estado anterior), "sem-", "soto-", "sota-", "vice-" separam-se por hífen de qualquer elemento subsequente. Assim: além-mar, além-túmulo, aquém-mar, recém-casado, recém-inaugurado, ântero-abdominal, ínfero-anterior, êxtero-posterior (observação: "exteroceptivo" e "exteroceptor" escrevem-se sem hífen porque não pressupõem a existência autônoma prévia de "ceptivo" e "ceptor"), póstero-lateral, ex-deputado, sem-terra, sota-vento, soto-pôr, sota-capitão, vice-presidente etc.

j) Prefixo "mal-" separa-se por hífen de termos iniciados por vogal, "h" ou "l". Assim: mal-entendido, mal-humorado, mal-limpo etc.

k) Prefixo "bem-" separa-se por hífen dos termos com os quais forma uma unidade sintagmática e semântica. Assim: bem-estar, bem-humorado, bem-criado, bem-falante. **Aglutina-se com o segundo elemento em alguns casos:** benfazer, benfazejo, benfeitor, benfeitoria, benquisto, benquerer, benquerença.
Dupla grafia: bem-querer e benquerer, bem-querença e benquerença

l) Prefixo "não-" separa-se sem hífen dos termos subsequentes. Assim: não índio, não violência, não alinhado etc.

2.2 O hífen e os termos compostos

a) Houve aglutinação dos seguintes compostos: paraquedas, paraquedista e mandachuva

b) Anulou-se a distinção entre locuções e substantivos compostos ligados por preposição (o hífen desaparece). Assim: Dia a dia (locução), tornava-se mais encantador; O dia a dia (substantivo composto) nas metrópoles é estressante.
Outros exemplos: boca a boca, passo a passo, tomara que caia (decote), maria vai com as outras (substantivo).

c) O hífen é retirado dos substantivos compostos e dos adjetivos ligados por preposição ou conjunção. Assim: mão de obra, pai de santo, pão de ló, calcanhar de aquiles, mula sem cabeça, dona de casa, preto e branco, verde e amarelo, vai e vem etc.
Observação: mantêm os hifens os nomes de espécies botânicas e zoológicas. Assim: lima-da-pérsia, ervilha-de-cheiro, bicho-da-seda, jacaré-do-papo-amarelo etc.

Exceções – Mantêm os hifens os seguintes termos: água-de-colônia, arco-da-velha, cor-de-rosa, mais-que-perfeito, pé-de-meia (economias), ao deus-dará, à queima-roupa.

d) Os substantivos de formação onomatopaica escrevem-se com hífen. Assim: zigue-zague, tim-tim, lenga-lenga, rame-rame etc.
Observação: ziguezaguear (sem hífen)

e) Perdem o hífen os compostos iniciados por "quase" bem como os advérbios "tão só" e "tão somente". Assim: quase contrato, quase delito etc.

f) Perde o hífen o adjetivo composto "à toa", igualando-se à locução adverbial "à toa". **Assim**: "Estava à toa na vida..." (locução), Não brigue por uma coisa à toa (adjetivo composto).

g) Ganham o hífen os termos "bom-senso", "chá-preto", "chá-verde", "conta-corrente" e "vão-livre"; "velha guarda" perde o hífen.

3. ASPECTO

O aspecto é uma categoria verbal paralela à categoria de tempo. Exprime uma característica da ação verbal (início, duração, frequência, transitoriedade etc.), que não deve confundir-se com o modo verbal (indicativo, subjuntivo, imperativo).
O português não dispõe de uma flexão própria para indicar o aspecto. Em algumas circunstâncias, ele aparece subentendido no tempo verbal; em outras, é preciso lançar mão de perífrases verbais (locuções) para exprimi-lo com precisão.
O pretérito imperfeito do indicativo, por exemplo, além de expressar ações inacabadas ou interrompidas, compreende a noção de aspecto frequentativo.
Assim: Eu *escrevia* uma carta quando recebi seu telefonema. (a ação de escrever foi interrompida pelo telefonema)

Antigamente, eu *escrevia* cartas a jornais. (nesse caso, percebe-se não uma interrupção da ação de escrever, mas a ideia de que essa era uma ação frequente no passado; a ideia de frequência pertence à categoria de aspecto)

3.1. Alguns aspectos que as formas verbais podem assumir

3.1.1. Duração: exprime-se basicamente por meio do pretérito imperfeito do indicativo e pelo gerúndio.

Assim: Ele *corria* todos os dias pela manhã. Ele *está cursando* economia. Ela *vive reclamando* da vida.

3.1.2. Repetição: geralmente se expressa por meio de locuções iniciadas por "tornar a" ou "voltar a", quando não pelo acréscimo do prefixo "re-" às formas verbais.
Assim: Ele *tornou a* dizer isso. Ela *re*fez a lição.

3.1.3. Cessação: expresso por perífrases do tipo "acabar de", "deixar de", "parar de" etc.
Assim: Ele *acabou de* chegar. Ele *deixou de* sair com os amigos.

3.1.4. Causação: exprime a ideia de que uma ação é causa de outra (verbos "fazer" ou "mandar" seguidos de infinitivo ou de oração substantiva).
Assim: *Fê*-la *sorrir*. *Fez* que ela *sorrisse*. *Mandou*-o *entrar*.

3.1.5. Incoação: exprime a ideia de início de ação. Normalmente se constrói com locuções iniciadas por "começar a", "pôr-se a".
Assim: *Começaram a discutir*.

3.1.6. Obrigação: as locuções iniciadas por "ter de", "dever", "precisar", "obrigar a", "forçar a" etc. exprimem as ideias de dever, obrigação, compromisso, necessidade.
Assim: Eles *têm de entender* isso. Ela *deve avisar* os pais sobre o ocorrido.

3.1.7. Volição: para expressar desejo, usam-se geralmente os auxiliares "querer", "desejar", "pretender" etc.
Assim: *Quero estudar* astronomia. *Pretendia traduzir* aquele romance.

3.1.8. Iminência: exprime-se a ideia de ação próxima com o auxílio dos verbos "ir" e "estar" em construções do tipo "ia fazendo", "estava para visitar fulano".
Assim: Ele *ia entrando* no quarto quando foi chamado pela irmã.

3.1.9. Permissão: o aspecto permissivo costuma ser indicado por verbos como "deixar", "permitir", "autorizar a".
Assim: *Deixou-o sair*. *Autorizou-o a fazer* aquilo.

3.1.10. Possibilidade: a ideia é expressa pelo verbo "poder" em locuções do tipo "pode fazer". Dependendo do contexto, essas locuções indicam a ideia de capacidade.
Assim: Ele *pode conseguir* isso (= é capaz de).

3.1.11. Conação: exprime o esforço para realizar uma ação. Usam-se perífrases com os verbos "tentar", "ousar", "atrever-se a" etc.
Assim: *Tentou chegar* cedo. *Atreveu*-se *a perguntar*-lhe o nome.

3.1.12. Resultado de uma ação: para exprimir essa ideia, empregam-se como auxiliares aspectuais "acabar por", "chegar a", "vir a" etc.
Assim: *Acabaram discutindo*. *Chegou a ofendê*-lo.
Outras perífrases podem exprimir diferentes aspectos. O importante é procurar expressar as ideias com o máximo de precisão.

4. CONCORDÂNCIA NOMINAL

Os adjetivos (assim como pronomes e numerais em função adjetiva) concordam em gênero e número com os substantivos a que se referem. Essa é a regra geral de concordância nominal.

Assim: Comprou *duzentos gramas* de frios fatiados.
Você sabe onde deixei *meus óculos escuros*?

4.1. Casos especiais de concordância nominal

4.1.1. Adjetivo referente a mais de um substantivo

Comprou uma *pera* e um *abacaxi* maduro.
Comprou um abacaxi e uma *pera* madura.

Observe que o adjetivo "maduro" concorda com o substantivo que lhe está mais próximo. É o que se chama concordância atrativa.

É possível, nesse caso, optar ainda pela concordância gramatical, ou seja, aquela que faz o adjetivo flexionar-se para concordar com os dois substantivos.

Assim: Comprou *uma pera e um abacaxi maduros*.

Note que o adjetivo "maduros" foi para o plural no gênero masculino. Isso é o que ocorre quando um adjetivo se refere a substantivos de gêneros diferentes. Na língua portuguesa, o masculino atua como neutralizador de gênero. Tanto isso é verdade que os adjetivos que se referem a pronomes indefinidos e a sujeitos indeterminados ficam também no masculino.

Assim: Será que ainda há *alguém distraído* na sala?
Quem está *cansado*?
Era-se menos *cético* antigamente. (sujeito indeterminado)

4.1.2. Adjetivo anteposto a uma série de substantivos

Escolheu *má hora e lugar* para o encontro.

Só se admite, nesse caso, a concordância atrativa.

4.1.3. Adjetivo na função de predicativo do objeto

Quando o adjetivo está na função de predicativo do objeto, só se faz a concordância gramatical, independentemente de sua posição em relação aos substantivos.

Assim: O juiz considerou *o réu e a ré culpados*.
O juiz considerou *culpados o réu e a ré*.

4.1.4. Após a expressão "um e outro", o substantivo permanece no singular e o adjetivo vai para o plural.

Assim: *Um e outro aluno aplicados* foram aprovados no concurso.

4.1.5. As palavras "anexo", "incluso", "obrigado", "junto", "leso", "mesmo" e "próprio" concordam normalmente com o substantivo a que se referem.

Assim: Os *documentos* vão *anexos*.
As *cartas* vão *inclusas*.
As *crianças* brincavam *juntas*.

Foi um crime de *lesa-pátria*.
Ela mesma relatou o ocorrido.
Eles próprios estiveram lá.

Observação 1: nas fórmulas de agradecimento, a palavra "obrigado" concorda com quem fala. Assim, homens devem dizer "obrigado", e mulheres devem dizer "obrigada". Existem as formas "obrigados" e "obrigadas", que, todavia, são muito pouco usadas, pois pressupõem que pelo menos duas pessoas façam o agradecimento simultaneamente.

Assim: – Muito *obrigado*! – disse *ele*.
– Muito *obrigada*! – disse *ela*.
– Muito *obrigados*! – disseram *eles*.
– Muito *obrigadas*! – disseram *elas*.

Observação 2: a palavra "mesmo" pode ter valor de advérbio; nesse caso, fica invariável.

Assim: Estavam *mesmo* cansados da viagem.

4.1.6. As palavras "meio", "só" e "bastante" podem ser variáveis ou invariáveis. Na condição de advérbios, ficam invariáveis.

Assim: Elas ficaram *meio entristecidas*. (um pouco)
Elas só descansam nos fins de semana. (somente)
Elas estão *bastante adiantadas* nos estudos. (muito)

Na condição de adjetivos, estão sujeitas à regra geral de concordância.

Assim: Tomou *meia colher* de xarope. (metade)
Eles viajaram *sós*. (sozinhos)
Fizeram *bastantes exercícios*. (suficientes, muitos)

4.1.7. Vários adjetivos modificando um substantivo

Os adjetivos permanecem no singular, e o substantivo pode ficar no singular ou no plural.

Assim: A *bandeira brasileira e a francesa* tremulavam ao longe.
As *bandeiras brasileira e francesa* tremulavam ao longe.
Essas medidas terão repercussão a *curto e longo prazo*.
Essas medidas terão repercussão a *curto e longo prazos*.

4.1.8. Numeral adjetivo antecedendo um substantivo

O substantivo vai normalmente para o plural, mas, se cada um dos numerais estiver antecedido de um artigo, o substantivo também poderá ficar no singular.

Assim: Perdi *a primeira e segunda aulas*.
Perdi *a primeira e a segunda aula/aulas*.

4.1.9. Sujeito em grau absoluto – predicativo invariável. O predicativo do sujeito fica invariável quando o sujeito é tomado em sentido genérico.

Assim: *Água* mineral é *bom*. (sem determinante)
Esta água mineral é muito *boa*. (com determinante)
É *proibido entrada* de estranhos.
É *proibida a entrada* de estranhos.

5. CONCORDÂNCIA VERBAL

Concordância verbal é o nome que se dá ao acordo entre o verbo e o sujeito da oração. Os verbos flexionam-se em número e pessoa gramatical para concordar com o sujeito. Essa é a regra geral de concordância verbal.

Assim: *Nós nos dispusemos* a ajudá-los.
Restam poucas *esperanças*.
Existem pessoas realmente generosas.
Veem-se soldados ao longe. ("soldados" são vistos; a frase está na voz passiva)

5.1. Casos especiais de concordância verbal

5.1.1. O sujeito é um coletivo ou expressão partitiva com especificador no plural

Nesses casos, admite-se tanto a concordância gramatical como a concordância atrativa.

Assim: Um *bando de crianças* pequenas *fazia/faziam* uma grande algazarra.
A *maioria das pessoas conseguiu/conseguiram* fugir.

5.1.2. O núcleo do sujeito é uma porcentagem

O verbo concorda normalmente com o núcleo do sujeito, mas, se a porcentagem vier seguida de especificador, o mais usual será fazer a concordância atrativa.

Assim: A pesquisa revelou que 10% da *população tinha* intenção de votar naquele candidato. (mais comum)
A pesquisa revelou que *10%* da população *tinham* intenção de votar naquele candidato. (menos usado)

Observação 1: se a porcentagem não vier seguida de especificador, a concordância será feita com o número.

Assim: Verificou-se que *10% não responderam* à questão.
Verificou-se que *1% respondeu* afirmativamente à pergunta.

Observação 2: havendo artigo antes do número que exprime a porcentagem, será feita com ele a concordância.

Assim: *Os* outros 50% da população nem sequer *apresentaram* sintomas da doença.

5.1.3. Plurais aparentes

Nomes próprios que se comportam como plurais levam o verbo para o plural.

Assim: *Os Estados Unidos apoiaram* o projeto.
As Casas Bahia fizeram uma promoção.

Observação: se os plurais aparentes não admitirem a anteposição de artigo, o verbo ficará no singular.

Assim: *Campinas elege* prefeito da oposição.
Minas Gerais recebe novos investimentos.

5.1.4. Um ou outro

Quando no sujeito, essa expressão, por indicar mútua exclusão, deixa o verbo no singular.

Assim: *Um ou outro será* o responsável.

5.1.5. Um e outro
Quando no sujeito, essa expressão, por indicar adição, leva o verbo para o plural.
Assim: *Um e outro reivindicavam* mais horas de lazer.

5.1.6. Verbo "haver"
O verbo "haver", quando empregado como sinônimo de "existir" ou "ocorrer", é impessoal. Não vai, portanto, para o plural.
Assim: Ainda *havia pessoas* interessadas naquele assunto.
Sempre *houve festas* aqui.
Observação 1: o verbo "haver" é impessoal também na indicação de tempo decorrido.
Assim: *Havia dois anos* que não se viam.
Observação 2: o auxiliar de um verbo impessoal não se flexiona.
Assim: *Devia haver muitas contradições* em seu pensamento.
Vai haver muitas manifestações contrárias a essa decisão.

5.1.7. Sujeito indeterminado com partícula "se"
Nesse caso, o verbo permanece na terceira pessoa do singular.
Assim: *Trata-se de* critérios pouco objetivos.
Assiste-se a bons filmes neste cinema.

5.1.8. Verbo "fazer" na indicação de tempo decorrido e de clima
Nesses casos, o verbo permanece na terceira pessoa do singular (verbo impessoal). O mesmo se dá com o seu auxiliar.
Assim: *Faz dois anos* que não o vejo.
Vai fazer dois anos que não o vejo.

5.1.9. Cerca de, mais de, menos de etc.
O verbo concorda normalmente com o substantivo que vem depois dessas expressões.
Assim: Cerca de 20 *pessoas estiveram* lá.
Mais de um *estudante cometeu* esse equívoco.
Segundo as estatísticas, menos de dois *alunos concorreriam* por vaga.
Observação: havendo ideia de reciprocidade, o verbo vai para o plural.
Assim: Mais de um deputado *ofenderam-se* durante o debate.

5.1.10. Verbo "ser"
O verbo "ser" nem sempre concorda com o seu sujeito. É um verbo de ligação e, por vezes, concorda com o predicativo do sujeito.
5.1.10.1. Se representa um ser humano, seu sujeito atrai para si a concordância.
Assim: *Mafalda era* todas as preocupações da família.
As esperanças do time *era o jovem atleta* recém-chegado.
5.1.10.2. Os pronomes pessoais (caso reto) atraem para si a concordância do verbo "ser", estejam eles no sujeito, estejam eles no predicativo do sujeito.

Assim: O Estado *sou eu*. (frase atribuída a Luís XIV)
Nós somos a lei aqui.

5.1.10.3. Entre um singular e um plural, desde que não sejam contrariadas as regras anteriores, o verbo "ser" concorda com o elemento que estiver no plural.

Assim: *Palavras doces* são um gesto de carinho.
Uma prova de seu amor *foram as cartas* que lhe escreveu.

5.1.10.4. Tudo, isso, isto, aquilo

Quando esses pronomes configuram o sujeito do verbo "ser", a concordância pode ser feita tanto com o sujeito como com o predicativo. A tendência que mais se observa nessa situação é a concordância com o predicativo.

Assim: Tudo *são lembranças* de um passado de glórias. (mais frequente)
Tudo é lembranças de um passado de glórias. (menos frequente)

5.1.10.5. Na indicação de horas, datas e distâncias, o verbo "ser" não tem sujeito e concorda, naturalmente, com o predicativo. O mesmo vale para os auxiliares do verbo "ser".

Assim: *É uma hora.*
São duas horas.
É meia-noite e meia (hora).
É meio-dia e meia (hora).
Hoje são 26 (dias) *de dezembro.*
Devem ser 20 (dias) *de dezembro*.
Devem ser 10 quilômetros até a sua casa.

6. COORDENAÇÃO

A coordenação é o processo sintático que rege a relação entre termos ou orações de mesma natureza e função. As orações organizadas segundo esse processo interligam-se por meio das chamadas conjunções coordenativas, que servem para relacionar ideias cujo vínculo sintático não é muito forte (as relações semânticas é que prevalecem na coordenação).

As conjunções coordenativas classificam-se da seguinte forma:

1. **aditivas: e, nem, não só... mas também, tanto... como**
2. **adversativas: mas, porém, contudo, todavia, entretanto, no entanto**
3. **alternativas: ou, ou... ou, quer... quer, seja... seja**
4. **conclusivas: logo, portanto, por isso, então, pois (posposto ao verbo)**
5. **explicativas: porque, que, pois (anteposto ao verbo)**

6.1. Emprego das conjunções coordenativas

As conjunções coordenativas encabeçam as chamadas orações coordenadas e a estas emprestam seu nome. O processo de coordenação pressupõe a possibilidade de justaposição das orações sem a presença de um conectivo. Nesse caso, as orações são chamadas coordenadas assindéticas.

Assim: Entrou, proferiu palavras rudes, saiu.

6.1.1. Conjunções coordenativas aditivas

As conjunções que melhor exemplificam o processo da coordenação são as coordenativas aditivas, cuja função primordial é fazer a aproximação de palavras ou orações de mesma natureza ou função sintática.

Assim: Aqueles jovens trabalham durante o dia *e* estudam à noite.

Alguns jovens não trabalham *nem* estudam.

Observação: a conjunção "nem" adiciona uma ideia negativa a outra também negativa. Evite usar a construção "e nem" onde couber apenas uma adição de ideia negativa.

Assim: Não telefonou *nem* enviou o telegrama a eles. (não use "e nem" nesse caso, pois ocorre apenas a adição de duas ideias negativas)

Saiu *e nem* se despediu dos presentes. (a construção está correta, pois a palavra "nem" está empregada para enfatizar um aspecto negativo, não para fazer a adição de duas orações negativas)

6.1.2. Conjunções coordenativas adversativas

As conjunções coordenativas adversativas indicam oposição entre as ideias que ligam. Podem exprimir matizes semânticos de restrição ou de ressalva.

Assim: Ele é trabalhador, mas não progride na vida.

Para compreender essa relação de oposição, é preciso aceitar o pressuposto de que o trabalho leva ao progresso na vida, ideia que, partilhada pelo senso comum, assegura o entendimento da frase. Alguém que pretendesse negar esse pressuposto poderia dizer a seguinte frase:

Ele é trabalhador, *logo* não progride na vida.

Nesse caso, o pressuposto seria outro, ou seja, o de que o trabalho não conduz ao progresso na vida. Assim, não progredir na vida, segundo esse raciocínio, é uma decorrência lógica de ser trabalhador. Por esse motivo, empregou-se uma conjunção coordenativa conclusiva. V. 5.1.4.

A conjunção coordenativa adversativa pode ligar dois termos. Veja o período seguinte:

Ele é inteligente, *porém* preguiçoso.

Nesse caso, a conjunção "porém" ganhou o matiz de ressalva, pois "ser preguiçoso" não se opõe propriamente a "ser inteligente". É perfeitamente possível ter ambas as características simultaneamente. Entretanto o que está em jogo nesse raciocínio é uma espécie de pressuposto de ordem moral, segundo o qual a inteligência é uma virtude, mas a preguiça é um vício. Daí a ressalva, que se apoia no princípio da oposição.

Observe o valor da conjunção "mas" no seguinte período:

Eu lhe conto o meu segredo, *mas* você me conta o seu.

Nesse caso, a conjunção adversativa antes exprime uma condição que propriamente uma oposição entre ideias, ou seja, "eu lhe contarei o meu segredo se você me contar o seu". Usando o conectivo "se", a segunda oração não mantém a mesma estrutura sintática da primeira (instaura-se uma relação de subordinação) e o enunciado perde a força expressiva que advém justamente do fato de as duas orações manterem uma relação de simetria.

6.1.3. Conjunções coordenativas alternativas

As conjunções coordenativas alternativas relacionam orações que exprimem opção, exclusão ou alternância.

Assim: Traga um lápis *ou* uma caneta. (opção)
Jeremias *ou* Eduardo assumirá a direção da empresa. (exclusão)
Ora chorava, *ora* ria. (alternância)

Eventualmente, as conjunções coordenativas alternativas podem exprimir outra ideia. Observe o seguinte período:

Ou aceita as ordens de seu superior, *ou* abandona o cargo.

A ideia de exclusão cede espaço à de condição (está implícito que, se não aceitar as ordens do superior, terá de abandonar o cargo).

Embora, na relação entre as ideias, prevaleça o traço semântico de condição, as orações, por sua organização sintática, são coordenadas alternativas. Observe que ambas têm a mesma estrutura sintática e a dependência que guardam entre si só se dá no plano semântico.

6.1.4. Conjunções coordenativas conclusivas

As conjunções coordenativas conclusivas, como atesta seu próprio nome, indicam uma conclusão, ou seja, o resultado de um raciocínio dedutivo. V. Glossário, pág. 145.

Assim: És corajoso, *portanto* não deves vacilar.

Para compreender o enunciado acima, é preciso pressupor que pessoas corajosas não vacilam. Na verdade, esse período contém um entimema (V. Glossário, pág. 138), ou seja, um silogismo abreviado, no qual se subentende a premissa maior (de valor universal).

Desenvolvendo o raciocínio, teríamos: pessoas corajosas não devem vacilar, tu és uma pessoa corajosa, logo tu não deves vacilar.

Percebe-se, embutida nesse raciocínio, a existência de uma ideia de condição ou de hipótese, que poderia ser explicitada da seguinte maneira: caso sejas mesmo corajoso, não deves vacilar. Donde, se vacilares, terá sido por não seres corajoso.

6.1.5. Conjunções coordenativas explicativas

As conjunções coordenativas explicativas encabeçam orações que justificam uma afirmação anterior. Não devem ser confundidas com as subordinativas causais.

Assim: Havia muito barulho no local, *porque* ninguém me ouvia.

O raciocínio que permite a compreensão desse enunciado pode ser desdobrado da seguinte maneira: eu acho que (eu deduzo que) havia muito barulho no local (é provável que houvesse muito barulho no local), e o que me permite chegar a essa conclusão é o fato de ninguém ouvir o meu apelo. A oração de caráter explicativo serve para justificar uma dedução feita anteriormente.

Não se deve, entretanto, confundir esse período com o seguinte:

Ninguém me ouvia *porque* havia muito barulho no local.

Nesse caso, a conjunção "porque" introduz ideia de causa ou motivo. O fato de haver muito barulho no local fazia que as pessoas não me ouvissem.

7. CORRELAÇÃO

A correlação é um tipo de estrutura sintática que se compõe de duas partes relacionadas entre si de tal modo que a enunciação da primeira prepara a enunciação da segunda. Constitui um recurso capaz de criar ênfase, útil também no encadeamento de ideias dispostas em períodos longos.

Assim: *Não só* trabalha *mas também* estuda.

Tanto os homens *como* as mulheres deverão expressar sua opinião.

Tomou aquela atitude *não só* porque queria impressioná-lo *como também* porque tinha convicção de que era a única coisa a fazer no momento.

Seja por fidelidade partidária, *seja* por convicção ideológica, o fato é que não aceita a ideia de abandonar seus companheiros.

Fazia aquilo *não tanto* por medo *quanto* por covardia.

8. CRASE

De origem grega, a palavra "crase" significa "fusão". No português atual, ocorre crase da preposição "a" com os artigos definidos femininos "a" e "as", com os pronomes relativos "a qual" e "as quais" e com os pronomes demonstrativos "a", "as", "aquilo", "aquele (s)" e "aquela (s)". A crase é assinalada por meio do acento grave.

Observação: ocorre crase antes de palavras femininas que, quando substituídas por masculinas, se fazem anteceder da combinação "ao".

Assim: Com entusiasmo, assistiu *à* peça teatral.

Com entusiasmo, assistiu ao filme.

Antes da palavra feminina, emprega-se o artigo feminino; portanto, caso o verbo antecedente exija a preposição "a", ocorrerá crase.

8.1. Casos de não ocorrência de crase

8.1.1. Antes de palavras masculinas

Nada lhe direi *a respeito* disso.

A despeito de certa arrogância, gosto muito de suas intervenções.

8.1.2. Antes de pronomes

Não contarás isso nem mesmo *a ela*?

Referiu-se respeitosamente *a Sua Excelência*.

Escreverei *a você* quando chegar.

Pergunte *a mim* o que quiser saber.

Observação: alguns pronomes admitem o uso do artigo feminino. Antes deles ocorrerá crase.

Assim: *A própria* diretora deu-nos o aviso.

Dirigiu-se *à própria* diretora.

Entreguei a correspondência *ao senhor* ontem.

Entreguei a correspondência *à senhora* ontem.

Contou tudo *a seu* irmão. Contou tudo *ao seu* irmão.
Contou tudo *a sua* irmã. Contou tudo *à sua* irmã.

8.1.3. Antes de verbos no infinitivo
Nada restaria *a fazer* diante daquilo.
Começou *a rabiscar* freneticamente a folha de papel.

8.1.4. Entre duas palavras repetidas
Contou as notas vagarosamente *uma a uma*.
Estava *cara a cara* com o inimigo.

8.1.5. Antes de plurais (expressões genéricas)
Não se dirigia apenas *a mulheres* jovens.
Fazia alusão *a teorias* apocalípticas.
Observação: Fazia alusão às teorias apocalípticas. **(neste caso, foi empregado o artigo "as")**

8.1.6. Antes de nomes de cidades
Chegou *a* Paris ontem.
Não voltaria *a* Roma antes do fim do ano.

Observação 1: se o nome de cidade for adjetivado, o artigo se tornará obrigatório, fazendo ocorrer a crase.
Não voltaria *à Roma de seus sonhos*.
Faça a substituição de "chegar a" por "voltar de" para verificar a ocorrência do artigo. Veja:
Chegou *a* Roma. (preposição "a")
Voltou *de* Roma. (preposição "de")
Chegou *à* Roma de seus sonhos. (preposição "a" + artigo "a")
Voltou *da* Roma de seus sonhos. (preposição "de" + artigo "a")
Observação 2: normalmente, os nomes de cidades repelem o uso de artigos, mas não se pode dizer o mesmo dos nomes de países.
Chegou *à* Itália.
Voltou *da* Itália.
Chegou *a* Portugal.
Voltou *de* Portugal.

8.1.7. Antes de artigos indefinidos
Ela só contaria aquilo *a* uma pessoa de confiança.

8.1.8. Antes de palavras de sentido genérico, mesmo que sejam femininas
Empresa faz doação *a hospital*.
Empresa faz doação *a casa de saúde*.
O quarto cheirava *a mofo*.
O quarto cheirava *a gasolina*.

8.2. Casos de ocorrência de crase

8.2.1. Nas locuções adverbiais, prepositivas e conjuntivas formadas com palavra feminina.

À noite, encontrarei meus amigos. (locução adverbial de tempo)
Fiquem *à vontade*. (locução adverbial de modo)
Estavam *à beira de* um ataque de nervos. (locução prepositiva)
Viviam *à custa de* expedientes. (locução prepositiva)
À medida que corriam, aproximavam-se do ponto de chegada. (locução conjuntiva)
À proporção que o mês passava, o salário minguava. (locução conjuntiva)

Observação 1: nas locuções adverbiais de instrumento, não ocorre crase (pois não ocorre artigo).
Escreveu a lápis.
Escreveu a caneta.

Observação 2: em locuções como "à vela", "à bala", "à máquina", o uso do acento grave é facultativo. Apesar de muitas vezes ser desnecessário, pode contribuir para a clareza da frase.

Assim: Recebeu à bala o policial. **Note que, sem o acento, pode-se entender que o policial recebeu a bala em seu corpo. Com o acento, fica claro que alguém recebeu o policial *a* tiros.**

8.2.2. Nas indicações de horas (locuções adverbiais de tempo)

Estaremos lá *às duas horas*.
Observação: Estaremos lá ao meio-dia.

8.2.3. Com a expressão à moda de (locução adverbial de modo)

Mandou servir um filé *à moda da* casa.
Gostava de pizza *à calabresa*.
Escrevia *à Rui Barbosa*. (à maneira de)
Observação: mesmo que a palavra "moda" esteja apenas subentendida, continua ocorrendo crase. Não ocorre, todavia, crase em "filé a cavalo" nem em "frango a passarinho", pois, nesses casos, não há omissão da palavra "moda".

8.3. Palavras "casa", "terra" e "distância"

As palavras "casa" (no sentido de lar, a própria casa), "terra" (no sentido de chão firme, em oposição a mar) e "distância" (quando não especificada) são normalmente usadas sem artigo. Portanto não ocorrerá crase antes delas, exceto se estiverem adjetivadas.
Saí *de casa* cedo. (no sentido de lar, a própria casa)
Chegarei *a casa* cedo.
Fiquei *na casa* de praia de meus amigos.
Cheguei *à casa* de praia de meus amigos.
Os marinheiros já estão *em terra*. (no sentido de terra firme)
Os marinheiros já voltaram *a terra*.

Os marinheiros já estão *na terra* de seus avós.
Os marinheiros já voltaram *à terra* de seus avós.
Ele pratica salto *em* distância. (sentido genérico)
Ele deve manter-se *a distância* de seus desafetos.
Observação 1: havendo especificação do termo "distância", ocorre artigo e, portanto, crase.
Assim: Ele deve manter-se *à distância de dois metros* do veículo à sua frente.
Observação 2: não ocorre crase em uma construção como Ele deve manter-se *a dois metros de distância* do veículo à sua frente, **pois, nesse caso, a preposição "a" antecede o substantivo masculino "metros", não o feminino "distância".**
Observação 3: modernamente, é corriqueiro o emprego de artigo antes da palavra "distância" mesmo quando não está especificada.
Assim: Permaneciam *à distância* um do outro. **Mas o artigo não aparece em expressões como "a certa distância", "a curta distância", "a grande distância".**

8.4. Casos de uso facultativo do acento grave

8.4.1. Antes de pronomes possessivos femininos no singular que acompanham um substantivo
Referia-se *à sua irmã*, não à minha.
Referia-se *a sua irmã*, não à minha.
Referia-se *ao seu irmão*, não ao meu.
Referia-se *a seu irmão*, não ao meu.
Observação: note que o pronome possessivo que substitui um substantivo requer o uso obrigatório do artigo.
Referia-se à sua irmã, não *à minha*.
Referia-se a sua irmã, não *à minha*.
Referia-se ao seu irmão, não *ao meu*.
Referia-se a seu irmão, não *ao meu*.
8.4.2. Após a preposição "até"
Foi *até o portão*.
Foi *até a porta*.
Foi *até ao portão*.
Foi *até à porta*.

8.4.3. Antes de nomes próprios femininos desde que não haja formalidade
Confiou seu segredo *a Júlia*.
Confiou seu segredo *à Júlia*.
Observação 1: se houver formalidade, não se usará o artigo.
Referia-se *a Clarice Lispector*, escritora brasileira.
Observação 2: se, entretanto, o nome próprio estiver adjetivado, o uso do artigo será obrigatório, mesmo em casos de tratamento formal.
Referia-se *à brilhante Clarice Lispector*.
Observação 3: ao usarmos o artigo antes dos nomes próprios, conferimos a eles

mais informalidade e afetividade e, assim, expressamos intimidade com a pessoa. Não devemos, portanto, empregar artigos antes de nomes próprios quando não desejarmos exprimir intimidade com a pessoa em questão.

8.5. Crase com os pronomes relativos (a qual, as quais)
O filme *a que* assistiu foi emocionante.
A peça *a que* assistiu foi emocionante.
O filme *ao qual* assistiu foi emocionante.
A peça *à qual* assistiu foi emocionante.

8.6. Crase com os pronomes demonstrativos (a, as, aquele, aqueles, aquela, aquelas, aquilo)
Referia-se ao rapaz louro, não *ao moreno*.
Referia-se à moça loura, não *à morena*.
Referia-se *ao* que usava terno azul.
Referia-se *à* que usava vestido azul.
Aludiu *àquilo* com veemência.
Contou a verdade *àquele* júri.
Observação: a expressão "dar à luz" sempre terá o "a" craseado, pois "a luz" é o objeto indireto, ou seja, o destinatário da ação de "dar". Portanto dizemos: Aquela mulher deu à luz trigêmeos. **Repare também que o objeto direto (no caso, "trigêmeos") não é antecedido de preposição.**

9. INFINITIVO

O uso do infinitivo, flexionado ou não, é assunto polêmico entre os estudiosos do idioma. Trata-se de uma forma nominal, que, em algumas situações, pode assumir aspecto pessoal, o que a leva a flexionar-se. Os principais casos arrolam-se a seguir.
9.1. Infinitivo impessoal (invariável)
9.1.1. O infinitivo tem sujeito igual ao sujeito da oração principal.
Eles voltaram ao banco para *buscar* o documento.
Nós viemos aqui para *conversar* com vocês.
Observação: é possível flexionar o infinitivo nesse caso, mas não há necessidade de fazê-lo. Recomenda-se a forma invariável.

9.1.2. O infinitivo é regido por preposição e completa substantivos, adjetivos ou verbos.
Eles não têm o *direito de* dizer isso.
Eram tarefas difíceis de realizar.
O pai *obrigou* os filhos *a estudar*.
Observação: quando o complemento dessas palavras é um infinitivo passivo, reflexivo ou pronominal, convém que seja flexionado. V. 9.2.3.
Assim: Estavam *dispostos a se converterem* ao judaísmo.

9.1.3. O infinitivo é regido por preposição e se pospõe a um verbo na voz passiva.
Eles *foram acusados de omitir* informações.
Eles *foram obrigados a dizer* aquilo.

9.1.4. O infinitivo tem valor de gerúndio.
As crianças *estavam a pedir* esmolas diante da igreja. (= pedindo)

9.1.5. O infinitivo é claramente impessoal, tem valor de substantivo.
Sonhar é viver.
Ganhar e perder são dois lados da mesma moeda.

9.1.6. O infinitivo tem valor de imperativo.
Apontar armas! *Atirar*!

9.1.7. O infinitivo integra uma locução verbal.
Eles não *puderam trazer* as cartas.
As moças *pareciam sorrir*.
Observação: com o verbo "parecer", é possível a seguinte construção: As moças parecia sorrirem, **em que o verbo "parecer" é intransitivo com sujeito na forma de oração e o infinitivo tem um sujeito no plural. Essa construção equivale à seguinte:** Parecia que as moças sorriam.

9.1.8. O infinitivo está depois dos verbos "ver", "ouvir", "sentir", "mandar", "deixar", "fazer", em construções com objeto direto na forma de pronome átono.
Deixou-o sair.
Mandei-os entrar.
Viu-nos chegar.
Ouvia-os cantar.
Não *as faria chorar* novamente.
Observação: se o sujeito do infinitivo for não um pronome oblíquo, mas um substantivo no plural, a flexão será optativa.
Assim: Viu as crianças *chegar/chegarem*.
Ouvia pássaros *cantar/cantarem*.
Observação: com o sujeito antes do infinitivo, a forma flexionada é mais frequente (Ouviu os *pássaros cantarem*)**; com o sujeito depois do infinitivo, a forma impessoal tende a prevalecer** (Ouviu *cantar os pássaros*)**.**

9.2. Infinitivo pessoal (flexionado)
9.2.1. O infinitivo tem sujeito próprio, diferente do sujeito da oração principal.
Está na hora de *(nós) sairmos*.
Será melhor *vocês saírem* mais cedo.
Antes de *(nós) chegarmos*, a votação tinha sido realizada.
É preciso *(nós) encontrarmos* o documento hoje.
Ouvi *(eles) gritarem* meu nome. **(sem o sujeito explícito, de acordo com o contexto, pode-se entender que o sujeito da oração é indeterminado)**

9.2.2. O infinitivo é regido de preposição e antecede a oração principal.
Por não acreditarem naquelas ideias, *eles* não assinaram o manifesto.
Para chegarem a essa conclusão, estudaram muito.
Observação: existe a possibilidade de esse infinitivo não ser flexionado, mas a sua flexão contribui para a clareza da construção.

9.2.3. O infinitivo é um verbo na voz passiva, um verbo reflexivo ou um verbo pronominal.
Fizeram aquilo para não *serem acusados* de omissos. (voz passiva)
Não conseguiam conversar sem *se ofenderem*. (verbo reflexivo)
Os pais tiveram então mais um motivo para *se orgulharem* de seus filhos. (verbo pronominal)
Insistia na importância de *se encontrarem* os culpados. (= serem encontrados/ voz passiva)
Observação: no último exemplo, é possível omitir a partícula apassivadora e a flexão do infinitivo, o que resulta em uma construção mais simples.
Assim: Insistia na *importância de encontrar* os culpados.

10. MODOS VERBAIS

O modo indicativo é empregado para indicar ações e fatos certos; o modo subjuntivo, por sua vez, indica ações e fatos possíveis, hipotéticos. O modo imperativo exprime ordem, pedido, súplica, conselho.
Assim: *Lia* os jornais diariamente. (indicativo – fato certo)
Talvez *lesse* os jornais diariamente. (subjuntivo – fato hipotético)
Leia os jornais diariamente! (imperativo – ordem, conselho)
O modo subjuntivo é o que se emprega, de modo geral, nas orações subordinadas – sobretudo naquelas que completam verbos que exprimem incerteza.
Assim: Ele *afirmou* que os deputados *apoiaram* o projeto. (modo indicativo)
Ele *imaginou* que os deputados *apoiassem/fossem apoiar/tivessem apoiado* o projeto. (modo subjuntivo)
O subjuntivo também é o modo apropriado para as orações que completam os verbos que exprimem negação.
Assim: *Negou* que *tivesse* apoiado o projeto.
Pretendia *evitar* que os adversários *tomassem* conhecimento das disputas internas do partido.

11. PARALELISMO SEMÂNTICO

Paralelismo semântico é a correlação de sentido que garante a preservação do sistema lógico de associações. A sua quebra produz efeito inusitado.
Exemplos: (a) João é simpático e sapateiro.
(b) Gosto de crianças e de uvas.

Em ambos os casos, há incongruência de sentido. Ocorre paralelismo sintático, mas as ideias são desconexas. Nesses exemplos, a ruptura do paralelismo semântico é evidente. Menos visível está em um caso como:

(c) Há uma grande diferença entre os candidatos e as vagas.

Ora, o que se pretende dizer é que há uma grande diferença entre o número de candidatos e o número de vagas. Candidatos e vagas não são elementos comparáveis. O que se pode comparar são duas quantidades.

É curioso notar, entretanto, que a ruptura do paralelismo semântico pode provocar efeitos estéticos. Veja o seguinte exemplo, extraído da obra *Dom Casmurro*, de Machado de Assis:

"...encontrei no trem da Central um rapaz aqui do bairro, que eu conheço de vista e de chapéu".

12. PARALELISMO SINTÁTICO

Paralelismo sintático é o nome que se dá à estruturação similar de orações ou sintagmas dispostos em sequência. É chamado também de simetria de construção. O paralelismo é particularmente útil para assegurar a clareza de construções organizadas segundo o princípio da coordenação. Exemplos:

(a) Temiam o lançamento de um livro escandaloso e capaz de revolucionar o cenário das letras no país.

(b) Temiam o lançamento de um livro que provocasse escândalo e (que) pudesse revolucionar o cenário das letras no país.

Os dois exemplos acima ilustram situações em que se preservou o paralelismo sintático. Em (a), existe coordenação entre dois adjetivos ("escandaloso" e "capaz"); em (b), existe coordenação entre duas orações adjetivas ("que provocasse..." e "que pudesse...").

Para compreender melhor a questão, observe um exemplo de quebra do paralelismo sintático:

(c) Temiam o lançamento de um livro escandaloso e que pudesse revolucionar o cenário das letras no país.

Em (c), ocorre a coordenação de termos de natureza diferente (o adjetivo "escandaloso" e a oração adjetiva "que pudesse..."). Embora essa seja uma construção possível, os textos (a) e (b) são mais coesos e claros.

Verbos como "preferir" e "distinguir", por exemplo, admitem dois complementos (objeto direto e objeto indireto) de mesma natureza. Assim, é conveniente que se mantenha entre os objetos o paralelismo gramatical ainda que não se trate de coordenação. Observe:

Não distinguia *os* honestos *dos* corruptos. (os dois complementos são antecedidos de artigo)

Não distinguia *honestos* de *corruptos*. (nenhum dos dois complementos é antecedido de artigo)

Preferia *passear* pela cidade *a viajar* para outro país. (os dois complementos são verbos)
Preferia *passeios* rápidos a *viagens* longas. (os dos complementos são substantivos)
Na maior parte dos casos, os verbos que admitem dois complementos constroem-se com um complemento da ação verbal propriamente dito (objeto direto) e com um destinatário da ação (objeto indireto). Nesses casos, a questão do paralelismo não se coloca, pois os complementos têm naturezas diferentes.
Assim: Entregou vários documentos (objeto direto) ao seu chefe (objeto indireto).

13. REGÊNCIA

Regência é o nome que se dá à relação de dependência (ou de subordinação) entre os nomes e entre os verbos e seus complementos. O uso correto das preposições assegura a precisão das sentenças. Sempre é bom ter à mão um dicionário de regência. Aqui vão algumas observações importantes sobre o tema.

13.1. A regência nominal trata dos nomes que pedem complemento (complemento nominal) e das preposições que fazem a ligação entre eles.
Assim: Ser *favorável a* um projeto.
Ter *medo de* uma reação violenta.
Ter *amor à* pátria, pela pátria.
Ter *respeito pelos* mais velhos.

13.2. A regência verbal trata das relações dos verbos com seus complementos.
Assim: *Assistir ao* jogo. (= presenciar, ver)
Assistir o paciente, ao paciente. (= amparar, auxiliar)
Namorar um jovem rapaz. (verbo transitivo direto)

13.3. Alguns casos de regência verbal
ABRAÇAR
Normalmente transitivo direto, tanto na acepção de "tomar entre os braços" como no sentido de "seguir" ou "adotar".
Assim: Abraçou a filha carinhosamente. Abraçou o cristianismo. Abraçou a causa dos excluídos.
Pode construir-se como pronominal no sentido de "cingir com os braços".
Assim: Abraçou-se ao namorado. Abraçou-se com os filhos. Assustada, abraçou-se na mãe. Abraçou-se contra o peito do pai.

AGRADAR
Verbo transitivo indireto no sentido de "ser agradável", "causar prazer".
Assim: A decisão não agradou ao Congresso.
No sentido de "afagar" ou "acariciar", usa-se o complemento objeto direto.
Assim: Distraída, agradava o gato Mathias.
Também no sentido de "contentar" é possível empregar o objeto direto.
Assim: Fez de tudo, mas não conseguiu agradá-lo, pois ele era muito exigente.

Pode aparecer como verbo pronominal e, nesse caso, como transitivo indireto.
Assim: Agradou-se do moço. (enamorou-se) A criança agradava-se com uma simples bala.

AGRADECER
Normalmente empregado como transitivo direto e indireto.
Assim: Agradecer algo a alguém. O professor agradeceu o convite aos alunos.
Já se usa também a construção: O professor agradeceu aos alunos pelo convite.

AJUDAR
Normalmente transitivo direto.
Assim: Eu só queria ajudá-lo.
Pode ser construído com dois objetos.
Assim: Ajudava-o em suas tarefas diárias.
Porém, com infinitivos, será usada a preposição "a".
Assim: Ajudava-o a fazer suas tarefas diárias.
Omitido o complemento de pessoa, permanece a preposição "em".
Assim: Ele ajuda em casa. Ela ajudou no trabalho de coleta de dados.

ALERTAR
Verbo transitivo direto e indireto. Aceita as preposições "de", "sobre" e "contra".
Assim: Alertou-o do risco de revelar aquelas informações. Alertou-o sobre o perigo de ir sozinho àquele lugar. Alertou-o contra os falsos amigos.

APELAR
Constrói-se normalmente com dois complementos correlatos, usando as preposições "de" e "para".
Assim: Apelou de uma pessoa para outra.
No sentido de "pedir ajuda", constrói-se com "a" ou "para".
Assim: Apelou para os amigos. Apelaria a quem pudesse na hora do desespero.
A preposição "para" também é usada quando se pretende dizer que alguém recorreu a expedientes baixos.
Assim: Apelou para a violência.
No âmbito jurídico, aparece com o par "de"/"para".
Assim: O advogado apelou da sentença para a instância superior.
Também ocorre apenas com a preposição "de".
Assim: O advogado vai apelar da sentença.

ASPIRAR
Empregado como "sorver" ou "inalar", é transitivo direto.
Assim: Aflito, aspirava o gás lacrimogêneo.
No sentido de "desejar", "ter como aspiração", exige o uso da preposição "a".
Assim: Aspirava a um cargo de confiança. A que aspirava o funcionário?

ASSISTIR
No sentido de "presenciar", "ver", deve ser usado com a preposição "a".
Assim: Assistimos ao jogo. Assistiu à cena. Assistiu ao filme? Sim, assisti a ele (não

aceita objeto indireto átono "lhe"). **Evite a construção passiva** (O jogo *foi assistido* por centenas de torcedores), **pois, na passiva, "assistir" significa "auxiliar".**

No sentido de "prestar assistência", "amparar", pode ser usado com ou sem a preposição "a".

Assim: O governo deverá assistir a/à população carente (assisti-la ou assistir-lhe).

Ainda como transitivo indireto (com preposição "a"), pode ser empregado como "caber" ou "pertencer".

Assim: Esse direito não cabe aos estudantes?

Como sinônimo de "residir", pouco usado atualmente, tem seu complemento introduzido pela preposição "em".

Assim: Assistiu em Paris durante dois anos.

ATENDER

Verbo transitivo direto ou indireto.

Assim: Atendeu o/ao meu chamado. Atendeu o/ao telefone.

Se o complemento for pronome no lugar de pessoa, o verbo será transitivo direto.

Assim: Não vai atendê-lo? (e não: Não vai atender-lhe?)

No sentido de "deferir", é preferível o uso do objeto direto (dada a frequência do uso passivo do verbo, confirma-se essa tendência).

Assim: Atendeu o meu pedido prontamente. O meu pedido foi atendido prontamente.

No sentido de "atentar" ou "reparar", é construído com as preposições "a", "para" e "em".

Assim: Parecia não atender aos fatos. Não atendeu para os primeiros sinais da crise. Não atendia no que ouvia.

AVISAR

Verbo transitivo direto e indireto, normalmente se constrói com objeto direto de "pessoa" e indireto de "assunto".

Assim: Avisou-o da chegada do navio. Avisou-o de que ela não viria.

Pode ocorrer também a disposição inversa (menos usual).

Assim: Avisou-lhe que não chegaria a tempo.

Havendo traço semântico de finalidade (implícito na ideia de "prevenir" ou no subjuntivo), aparecerá a preposição "para".

Assim: Avisou-o para que não saísse de casa à noite. Avisei-a para cuidar-se, mas ela não me deu ouvidos.

Com traço semântico de "cautela" ou de "assunto", podem aparecer, respectivamente, as preposições "contra" ou "sobre".

Assim: Avisei-a contra a demagogia do discurso dele. Avisei-o sobre os terríveis acontecimentos da semana passada.

BASTAR

Verbo intransitivo ou transitivo indireto, com complemento regido pela preposição "a".

Assim: Bastava-lhe prestar atenção às palavras do mestre. Bastavam duas horas para que terminasse o trabalho.

BEIRAR

Verbo transitivo direto.

Assim: Ela deve beirar os 30 anos. Tal afirmação beira o absurdo.

CHEGAR

Verbo intransitivo. Por indicar movimento em direção a algum lugar, recomenda-se o uso da preposição "a" (direção) no adjunto adverbial que se associa a esse verbo.

Assim: Chegou à maturidade ainda muito bela. Cheguei à conclusão de que devo rever algumas de minhas convicções.

Observação: No português do Brasil, é muito comum o uso da preposição "em" (lugar) após o verbo "chegar".

Assim: Chegou em casa depois das oito. **Convém manter essa regência quando for importante preservar a originalidade ou a literalidade da fala.**

COLABORAR

Verbo intransitivo ou transitivo indireto.

Assim: É preciso colaborar nessa campanha. Os estudantes colaboraram com a prefeitura na arrecadação de alimentos. É necessário que todos colaborem para o bem comum.

Na acepção de "escrever artigos ou textos para uma publicação", usa-se a preposição "em".

Assim: O cronista colaborou naquele jornal durante muitos anos.

COMEÇAR

Verbo intransitivo ou transitivo direto e/ou indireto.

Assim: Ela começou o discurso com uma citação (ou por uma citação).

Admite a sintaxe passiva (usado no sentido de ser começado). Nesse sentido, pode ser construído com as preposições "em", "com" e "por".

Assim: A festa começou às 22 horas. O sermão começou com uma passagem bíblica. A história começa no nascimento do protagonista. A viagem começará por uma visita aos locais sagrados.

Quando usado como auxiliar, regendo outro verbo, requer uso de preposição "a".

Assim: Começou a fazer as tarefas ontem.

COMPARAR

Verbo transitivo direto e indireto, rege complemento com as preposições "a" ou "com".

Assim: Comparou-a com a amiga. Comparou um texto ao outro.

Pode ser construído como pronominal.

Assim: Comparou-se com as outras.

COMPARECER

Verbo intransitivo ou transitivo indireto. Constrói-se com as preposições "a" ou "em".

Assim: Eles compareceram à/na reunião.

Observação: pode aparecer com as preposições "ante" ou "perante", indicando a presença de autoridade, à qual se deve prestar contas.

Assim: Compareceu ante/perante o juiz. Comparecerás perante Deus no dia do Juízo Final.

Observação: não existe preposição "a" depois de "ante" e "perante" (que também são preposições).

COMUNICAR

Verbo transitivo direto e indireto no sentido de "transmitir informação".

Assim: Comunicou à população a chegada do papa. Comunicou-lhe o ocorrido. (objeto direto de "assunto" e indireto de "pessoa")

No sentido de "estabelecer contato com", usa-se a preposição "com".

Assim: Comunicou-se com o quartel-general.

Pode ser construído com pronome.

Assim: Comunicavam-se entre si por gestos.

Observação: na forma passiva, o sujeito é a informação, não a pessoa.

Assim: O aumento do preço da gasolina foi comunicado à população. (Não use: A população foi comunicada...)

CONSISTIR

Verbo transitivo indireto, constrói-se com a preposição "em".

Assim: Seu trabalho consiste em redigir o texto. Sua tarefa consistia na elaboração do documento.

CONSTAR

Verbo intransitivo ou transitivo indireto.

Assim: Consta que ele teria estado lá. Consta a nós que ele teria estado lá.

No sentido de "estar escrito ou registrado", constrói-se com as preposições "de" ou "em".

Assim: Essa informação consta dos/nos autos. Seu nome não consta da/na lista.

No sentido de "ser composto ou constituído de algo", constrói-se com a preposição "de".

Assim: O poema consta de apenas duas estrofes.

CONSTITUIR

Normalmente transitivo direto (geralmente não é pronominal).

Assim: Os jovens constituem a esperança do país. Constituiu-o seu advogado.

Pode ser usado como pronominal no sentido de "transformar-se" ou "organizar-se".
Assim: As crônicas diárias constituíram-se em livro.

CONSTRANGER
Verbo transitivo direto ou transitivo direto e indireto.
Assim: Aquela situação constrangia (tolhia) o orador. O contador da empresa constrangeu (impeliu, obrigou) o funcionário a assinar os papéis.
Também pode ser pronominal.
Assim: Constrangeu-se diante da cena.

CONTENTAR
Normalmente usado como verbo pronominal, constrói-se com a preposição "com" diante de nomes e com as preposições "de" ou "em" diante de infinitivos.
Assim: Contentava-se com pouco. Contentou-se em pedir um dia de folga. Contentava-se de fazer-lhe pequenos favores.
Também pode ser usado como transitivo direto.
Assim: O reajuste proposto não contentou os grevistas. O governo não contentou os grevistas com o reajuste proposto.

CONTRIBUIR
Verbo transitivo indireto.
Assim: Contribuiu com dois cobertores para a campanha do agasalho. Contribui com donativos para as obras da igreja. Aquilo contribuiu para a decadência da família. Aquela administração contribuiu à falência da empresa.

CRER
Normalmente transitivo indireto, rege complemento com preposição "em".
Assim: Crê em Deus. Cria nas pessoas.
Com complemento oracional ou com predicativo, comporta-se como transitivo direto.
Assim: Creio que ele tenha tomado as precauções. Ele crê estar fazendo o melhor. Eu o creio competente (que ele seja competente).

DAR
Verbo intransitivo ou transitivo direto e/ou indireto. Rege complemento introduzido pela preposição "a".
Assim: Deram duas horas no relógio da igreja. (intransitivo) Deu o pacote ao porteiro do edifício. (Deu-o ao porteiro do edifício. Deu-lhe o pacote.)
Também pode ser construído como pronominal.
Assim: Deu-se (dedicou-se) inteiramente àquela causa. Deu-se (aconteceu) o que vou contar mais tarde.

DEPOR
No sentido de "prestar declarações em juízo", é intransitivo.
Assim: Depôs na CPI. Depôs em juízo.
Pode ser transitivo indireto.
Assim: Depôs contra o acusado. Depôs a favor dela.
Pode ser transitivo direto no sentido de "colocar", "pôr de lado".
Assim: Depôs os objetos no chão. Depôs as cartas sobre a mesa.
Pode ser transitivo direto e indireto no sentido de "demitir".
Assim: Eles o depuseram do cargo.

DESAGRADAR
Normalmente usado como transitivo indireto.
Assim: Aquela atitude desagradou à cúpula do partido.
Pode ser usado como pronominal no sentido de "desgostar-se".
Assim: Desagradou-se das/com as palavras da filha.

DISTINGUIR
No sentido de "discriminar", "diferençar", é transitivo direto e indireto.
Assim: Distingue uns de outros. Não conseguia distinguir o próprio filho entre os alunos. Distinguia-o pelo modo de andar.
Pode ser construído como pronominal.
Assim: Distinguia-se pela constância das ideias. Distinguia-se da irmã pelo temperamento irrequieto. Distinguia-se entre as moças de seu tempo.
Na acepção de "caracterizar", é transitivo direto.
Assim: A soberba era o que o distinguia.
Na acepção de "condecorar", é transitivo direto e indireto.
Assim: O ministro distinguiu-o com uma comenda.

FAVORECER
Verbo transitivo direto.
Assim: Sua atitude favoreceu-os. A medida favorece os fundos de pensão.
Admite complemento regido pela preposição "com".
Assim: Favoreceu-os com seu apoio.
Também pode ser construído como pronominal.
Assim: Favoreceu-se das/com as amizades que tinha.

IMPLICAR
Verbo transitivo direto.
Assim: Os companheiros implicaram-no em negociatas.
Nesse sentido, de "envolver", pode ser pronominal, regendo complemento com preposição "em".
Assim: Implicou-se em negócios escusos.
Como "requerer" ou "exigir" e como "acarretar", continua transitivo direto.
Assim: A leitura dessa obra implica cultura geral. Sua ação implicará uma desastrosa reação.

Pode ser construído com a preposição "com" no sentido de "irritar" ou "aborrecer".
Assim: A vizinha implicava com as crianças.

INICIAR
Verbo transitivo direto.
Assim: O orador iniciou o discurso.
Com complemento iniciado pela preposição "em", indica "ser introduzido em alguma área do saber".
Assim: O mestre iniciou-o na matemática. Ainda jovem iniciou-se na língua alemã.
No sentido passivo (ter início), deve ser pronominal.
Assim: A cerimônia iniciou-se pontualmente.

MANTER
No sentido de "sustentar", pode ser transitivo direto ou pronominal.
Assim: Mantém mulher e filhos. Trabalha para manter-se.
Pode ser construído com predicativo.
Assim: Mantém inalterada sua posição.
Continua transitivo direto ou pronominal quando construído com predicativo locativo.
Assim: Mantenha-o longe de casa. Mantenha-se a distância do veículo à sua frente.

OBEDECER
Verbo transitivo indireto. É usado com preposição "a".
Assim: Obedecia cegamente ao regulamento. Obedecia às leis.
Observação: ao substituir o objeto indireto por um pronome, use a forma "lhe".
Assim: Não lhe obedecia. (Não use: Não "o" obedecia.)

PAGAR, PERDOAR
Ambos são construídos com objeto direto e/ou indireto. O objeto direto deve ser aquilo que se paga ou que se perdoa; o objeto indireto deve ser o destinatário da ação, ou seja, a quem se paga ou a quem se perdoa.
Assim: A empresa pagou o salário ao funcionário. O banco perdoou a dívida ao trabalhador desempregado.

Ao usar somente o complemento de pessoa (ou destinatário da ação), deve-se empregar a preposição "a".
Assim: Pagou ao médico. Pagou ao banco. Perdoou ao filho.
No sentido de "ser castigado", usa-se "pagar por".
Assim: Ela vai pagar por tudo isso.
Observação: constitui variante muito frequente o uso do complemento de destinatário como objeto direto de "pagar" na ausência do outro complemento.
Assim: Pagou o médico e o dentista.
O mesmo se pode dizer de "perdoar".
Assim: Perdoou o inimigo. Perdoou a mulher pelas duras palavras que proferiu.
Tais construções se consolidam na voz passiva.
Assim: O advogado foi pago para defendê-lo. Os filhos sempre são perdoados pelos pais.

PEDIR

Verbo transitivo direto e indireto.

Assim: Pediu aumento ao patrão. Pediu-lhe que saísse da sala imediatamente.

No sentido de "pedir licença ou permissão", usa-se a preposição "para".

Assim: Pediu para sair da sala. Pediu para falar.

Observação: é comum o uso da preposição "para" antes de orações infinitivas, mas a maioria dos gramáticos condena esse uso quando não se trata de "pedir licença", sugerindo o desenvolvimento da oração.

Assim: Pediu-lhe que viesse. (e não: Pediu-lhe para vir.)

PERGUNTAR

Verbo transitivo direto e indireto. Pergunta-se algo a alguém.

Assim: Perguntaram ao candidato o que pensava daquele tema polêmico. Perguntaram-lhe o que pensava... Perguntaram-no a ele.

Observação: a construção "Quando perguntados sobre como avaliavam sua saúde, 5,9% dos idosos disseram que era boa ou ótima..." é muito frequente, porém deve ser evitada em contextos que requeiram o uso da norma culta. A explicação para isso é que o verbo "perguntar" rege dois complementos, sendo o objeto direto (sem preposição) para referir-se ao assunto e o objeto indireto (com preposição "a") para referir-se a uma pessoa (o destinatário da ação).

Assim: Perguntaram aos idosos como avaliavam sua saúde.

Na voz passiva (foi perguntado), dizemos que algo (como avaliam sua saúde) foi perguntado aos idosos. É o objeto direto que se transforma em sujeito da passiva.

PREFERIR

Verbo transitivo direto e indireto.

Assim: Preferia estudar a trabalhar.

Observação: não se deve usar a construção "preferir... do que", pois "preferir" não significa "comparar". Não se empregam também com esse verbo expressões de ênfase ou intensidade (evite "prefiro *mil vezes*", "prefiro *antes*").

PROCEDER

Normalmente transitivo indireto.

Assim: Procedeu ao início da reunião. Procedeu à contagem dos votos.

Pode ser intransitivo, se usado no sentido de "agir" ou de "ter fundamento".

Assim: Procedeu corretamente durante o julgamento. Seu argumento não procede.

RESPEITAR

No sentido de "acatar", é transitivo direto.

Assim: Eles respeitam muito o mestre. Ele não respeitou os seus direitos. Ela o respeita muito.

No sentido de "dizer respeito a", é transitivo indireto.

Assim: Esse assunto não respeita a você.

Nesse sentido, será possível o uso do pronome "lhe".
Assim: Esse assunto não lhe respeita (não diz respeito a você).

RESPONDER
Normalmente é transitivo indireto.
Assim: Respondeu à carta. Não responderia a uma pergunta tola. Respondeu ao inquiridor.
Pode ser construído com dois objetos, direto e indireto.
Assim: Respondeu ao rapaz que faria o que pudesse para ajudá-lo.
No sentido de "ser responsável por algo", constrói-se com a preposição "por".
Assim: Responderá por seus atos. Cada um responde por si.

SATISFAZER
No sentido de "atender" ou "contentar", é transitivo direto ou indireto.
Assim: Satisfazia os/aos caprichos dela um a um.
Pode ser pronominal.
Assim: Satisfazia-se com o pouco que lhe davam. Satisfazia-se do pouco que tinha.
Com infinitivo, usam-se as preposições "em" ou "por".
Assim: Satisfazia-se em ouvi-lo contar histórias. Satisfez-se por ter chegado a tempo de vê-lo.
No sentido de "ser conveniente", é transitivo indireto.
Assim: O acordo não lhe satisfez plenamente. Não satisfez a ele.

SOBRESSAIR
Pode ser intransitivo ou transitivo indireto. Não é pronominal.
Assim: O quadro sobressaía da parede. A jovem sobressaía entre as demais. Ela sobressaía às demais pela beleza incomparável. O atleta sobressaía no time.

14. SUBORDINAÇÃO

A subordinação é um processo de organização de períodos em que o vínculo sintático entre as orações é muito forte. Caracteriza-se pela ausência de paralelismo e pela desigualdade de funções, o que resulta em hierarquização das ideias. As orações subordinadas exercem funções sintáticas dentro da oração principal. Essas funções podem ser próprias de substantivos, de adjetivos e de advérbios. Daí existirem orações subordinadas substantivas, adjetivas e adverbiais.

14.1. Orações subordinadas substantivas

A oração subordinada substantiva é aquela que, como revela seu próprio nome, tem o mesmo valor de um substantivo. Esse tipo de oração é introduzido pelas conjunções subordinativas integrantes (que, se). Usa-se a subordinativa integrante "se" quando a oração encabeçada por ela completa uma oração dubitativa.

Assim: Espero que venha hoje. (que venha hoje equivale a "sua vinda")
Eu sei que eles virão hoje.
Não sei se eles virão hoje.
Verifique se ainda há pessoas no recinto.

Como se vê, nos casos acima, a conjunção "se" não exprime condição ou hipótese, mas faz a integração de orações sintaticamente complementares.

14.1.1. Classificação das orações subordinadas substantivas

14.1.1.1. **Oração subordinada substantiva objetiva direta (exerce a função sintática de objeto direto do verbo da oração principal)**

Assim: Quero que saiba a verdade.
Ele não esperava que estivéssemos lá.

14.1.1.2. **Oração subordinada substantiva objetiva indireta (exerce a função sintática de objeto indireto do verbo da oração principal; ocorre preposição antes da conjunção "que")**

Assim: Necessitava de que fosses à fazenda o mais rápido possível.
Insisto para que todos compareçam.

14.1.1.3. **Oração subordinada substantiva subjetiva (exerce a função sintática de sujeito do verbo da oração principal)**

Assim: É provável que todos compareçam à reunião.
Seria bom que você tivesse compreendido o meu ponto de vista.

14.1.2. Oração subordinada substantiva predicativa (exerce a função sintática de predicativo do sujeito da oração principal)

Assim: O mais provável é que todos compareçam à reunião.
O importante mesmo era que você tivesse compreendido o meu ponto de vista.

14.1.3. Oração subordinada substantiva completiva nominal (exerce a função sintática de complemento nominal de um termo da oração principal)

Assim: Tenho medo de que ele desista de tudo.
Não tinha a mínima ideia de que aquilo o prejudicaria mais tarde.

14.1.4. Oração subordinada substantiva apositiva (exerce a função sintática de aposto de um termo da oração principal)

Assim: Sua ideia fixa – que o filho voltasse para o Brasil – atormentava-a cada vez mais.
Só esperava uma notícia: que o prêmio tivesse sido concedido a ele.

14.2. Orações subordinadas adjetivas

A oração subordinada adjetiva, como revela seu próprio nome, tem o mesmo valor de um adjetivo. Esse tipo de oração vem introduzido por um pronome relativo (que, o qual, cujo etc.), que substitui o termo antecedente.

Assim: Crianças que pedem esmolas perdem o melhor da infância.

No exemplo acima, há duas orações: 1. Crianças perdem o melhor da infância; 2. crianças pedem esmolas (que = crianças).

14.2.1 Classificação das orações subordinadas adjetivas

As orações subordinadas adjetivas podem ser restritivas ou explicativas. As restritivas limitam o sentido do termo a que se referem (antecedente); as explicativas expandem o sentido do antecedente. Para bem distinguir uma da outra, observe que a adjetiva restritiva é essencial para a compreensão da ideia e a adjetiva explicativa traz uma informação suplementar, da qual se pode prescindir.

14.2.1.1. Oração subordinada adjetiva restritiva

Os funcionários que fizeram greve receberam aumento de salário.

A oração "que fizeram greve" não se refere a todos os funcionários da empresa, mas indica que aqueles que fizeram greve (e somente eles) receberam aumento.

14.2.1.2. Oração subordinada adjetiva explicativa

Os funcionários, que fizeram greve, receberam aumento de salário.

A oração "que fizeram greve" refere-se agora a todos os funcionários da empresa, que, em sua totalidade, receberam aumento.

Observação: convém observar a pontuação das orações adjetivas: as restritivas ligam-se com forte vínculo sintático ao termo que limitam, enquanto as explicativas se separam por meio de vírgulas do termo a que se referem.

14.3. Orações subordinadas adverbiais

A oração subordinada adverbial, como revela seu próprio nome, exerce função de adjunto adverbial. Esse tipo de oração é introduzido por conjunções subordinativas organizadas segundo a circunstância que exprimem (tempo, proporção, causa, consequência, condição, concessão, conformidade, comparação, finalidade).

Assim: Quando amanhecer, viajaremos. (oração subordinada adverbial com função de adjunto adverbial de tempo)

14.3.1. Emprego das conjunções subordinativas nas orações subordinadas adverbiais

14.3.1.1. Conjunções subordinativas temporais: quando, enquanto, ao mesmo tempo (em) que, desde que, logo que etc.

Quando ouviu aquilo, teve um sobressalto.

Enquanto tricotava, ouvia a conversa dos outros.

A conjunção "enquanto" indica simultaneidade de ações. Seu uso, muitas vezes, leva à necessidade de estabelecer paralelismo sintático entre as duas orações (observe que os verbos de ambas estão conjugados no mesmo tempo e modo).

14.3.1.2. Conjunções subordinativas proporcionais: à medida que, à proporção que, ao passo que, quanto mais... mais etc.

À medida que o tempo passava, seus cabelos embranqueciam.

Observe que a ideia de proporcionalidade cria um vínculo sintático forte entre as duas orações, que devem estruturar-se segundo o princípio do paralelismo sintático (os verbos conjugados no mesmo tempo e modo).

14.3.1.3. Conjunções subordinativas causais: porque, visto que, uma vez que, como etc.
Como estivesse adoentado, preferiu ficar em casa.
A causa de um evento é aquilo que o provoca e que, portanto, o antecede. O fato de alguém estar adoentado o motiva a ficar em casa.

14.3.1.4. Conjunções subordinativas consecutivas: tanto... que, tal...que etc.
Apressou-se tanto que chegou antes de todos.
A ideia de consequência aparece geralmente em construções correlativas (de forte vínculo sintático), nas quais uma partícula de intensidade é posta na oração principal, que, por assim dizer, prepara a oração consecutiva.

14.3.1.5. Conjunções subordinativas condicionais: se, caso, desde que etc.
Se tomar esse remédio, ficará definitivamente curado.
A ideia de condição sugere uma espécie de restrição. A pessoa ficará definitivamente curada somente se tomar o tal remédio.
Quando a oração subordinada adverbial está colocada após a principal, evita-se a sua separação por vírgula.
Assim: Ficará definitivamente curado se tomar esse remédio.
Observação: também se expressa a condição por meio de orações infinitivas precedidas da preposição "a".
Assim: A persistirem os sintomas, consulte um médico. (ou seja, "se os sintomas persistirem, consulte um médico")

14.3.1.6. Conjunções subordinativas concessivas: embora, mesmo que, ainda que, posto que, se bem que, por mais que etc.
(a) Por mais que tentasse, não entendia aquilo.
(b) Embora chovesse muito, foram ao parque.
A concessão é um tipo de relação de oposição. Pressupõe, entretanto, a aceitação e a superação de uma incompatibilidade ou de um obstáculo.
Em (a), a tentativa é vã, pois a pessoa não consegue alterar a situação descrita na oração principal; em (b), foram ao parque mesmo com chuva, pois, não tendo como impedi-la, aceitam-na e tentam superá-la.
Esse tipo de raciocínio é útil para atenuar a refutação de argumentos contrários a uma tese. Aceita-se, ainda que parcialmente, a argumentação contrária para, em seguida, mostrar em que pontos ela falha.

14.3.1.7. Conjunções subordinativas conformativas: como, conforme, segundo etc.
Tudo foi feito conforme combinamos com eles.
A conformidade exprime o acordo com uma situação anterior. É a estrutura frasal que se usa para introduzir as citações ou argumentos de autoridade.

(V. Glossário, pág. 134).
Exemplo: Segundo Aristóteles, o homem é um ser social.

14.3.1.8. Conjunções subordinativas comparativas: como, tal qual, tanto quanto, mais que etc.
Fala mais que um papagaio!
É forte como um touro.
A comparação parte do princípio da analogia (da busca de semelhanças) entre dois seres. As orações subordinadas adverbiais comparativas nem sempre têm um verbo, pois deixam subentendido o verbo da oração anterior.
Existe um tipo de oração a que chamamos comparativa hipotética, cuja estrutura vem da fusão da comparativa com a condicional.
Assim: Era como se aquilo estivesse ocorrendo pela primeira vez.

14.3.1.9. Conjunções subordinativas finais: a fim de que, para que, que etc.
Fez-lhe um gesto para que se calasse.
A ideia de finalidade exprime o objetivo de uma ação.

15. VÍRGULA

Quando é construída na ordem direta, a oração não precisa de vírgulas. Chamamos ordem direta à disposição mais usual dos termos da oração, ou seja, o sujeito no início, seguido do verbo e de seus complementos e, no final, se houver, do adjunto adverbial (termo acessório que indica a circunstância em que se dá a ação verbal).
O sujeito e o verbo, bem como os termos que guardam entre si relação de complementaridade, não podem ser separados por vírgula – a menos que entre eles se interponha um elemento (intercalação de aposto, de adjunto adverbial etc.).

15.1. Não se usa a vírgula
15.1.1. Entre termos complementares (sujeito e predicado, verbo e complemento, nome e complemento)
Quem viver verá. (não ocorre vírgula entre o sujeito "quem viver" e o predicado "verá")

15.1.2. Em frases que estejam na ordem direta (sujeito, verbo, complementos, adjuntos adverbiais)
Os professores discutiram as questões durante o seminário. (frase na ordem direta, portanto sem vírgulas)

15.2. Usa-se a vírgula
15.2.1. Para assinalar a inversão do adjunto adverbial
Durante o seminário, os professores discutiram as questões. (o adjunto adverbial está no início do período)

15.2.2. Para assinalar as interrupções da ordem direta da frase

15.2.2.1. Intercalação de adjunto adverbial

Os professores, durante o seminário, discutiram as questões.

Os professores discutiram, durante o seminário, as questões.

15.2.2.2. Intercalação de aposto explicativo

Machado de Assis, um dos maiores escritores brasileiros, é o autor de *Dom Casmurro*. (o aposto explicativo aparece entre vírgulas)

15.2.3. Para isolar o vocativo (em qualquer posição)

"Ó pátria amada, idolatrada, salve, salve!" ("Hino Nacional Brasileiro") (o vocativo, termo que serve para chamar ou evocar o interlocutor, sempre se separa do restante da oração por vírgula)

"Varrei os mares, tufão!" (Castro Alves) (o vocativo está no final da frase, separado por vírgula)

15.2.4. Para separar as indicações de lugar nas datas

São Paulo, 9 de dezembro de 2009

15.2.5. Para marcar a elipse (omissão) de um verbo

Ela toca piano; ele, violão. (o uso da vírgula evita a repetição da forma verbal)

15.2.6. Para separar as orações coordenadas sindéticas adversativas

A justiça tarda, mas não falha.

15.2.7. Para separar as orações subordinadas adverbiais em início de período

Embora estivesse apressado, ouviu aquela história até o fim.

15.2.8. Para separar as orações subordinadas adjetivas explicativas

O homem, que é mortal, falha.

O Brasil, onde há tão belas paisagens, ainda é um país pouco visitado.

Glossário

A

Ambiguidade Chamamos ambiguidade (ou anfibologia) à duplicidade de sentidos de uma construção sintática. Por interferir diretamente na clareza do texto, deve sempre ser evitada. Veja alguns exemplos: a) "Venceu o Santos o Palmeiras". Em razão da inversão sintática, não se sabe qual dos dois times venceu. Para desfazer o duplo sentido, pode-se acrescentar a preposição "a" ao objeto direto ("Venceu ao Santos o Palmeiras" ou "Venceu o Santos ao Palmeiras") ou colocar a frase na ordem direta ("O Santos venceu o Palmeiras"; "O Palmeiras venceu o Santos"); b) "Joana disse a Paulo que seu professor chegaria mais tarde". Nessa construção, não se sabe se se trata do professor de Joana ou do professor de Paulo. Para evitar a ambiguidade, é possível usar as formas "dele" ou "dela" ("Joana disse a Paulo que o professor dela..." ou Joana disse a Paulo que o professor dele..."); c) "Foi o que afirmou Judith Exner, uma das incontáveis amantes do chefão mafioso San Giancana, que mantinha simultaneamente um caso com o presidente dos EUA". Aqui é o conhecimento universal o que nos leva a compreender que era Judith Exner, não o chefão mafioso, quem mantinha um caso amoroso com o presidente dos EUA. A construção sintática, porém, permite dupla interpretação; é, portanto, ruim. Para torná-la unívoca, pode-se usar "a qual" (ou "o qual") no lugar de "que" ("...Judith Exner, uma das incontáveis amantes do chefão mafioso San Giancana, a qual mantinha...").

Analogia A analogia é um procedimento comparativo por meio do qual buscamos explicar o que é desconhecido lançando mão daquilo que é conhecido. É o que geralmente chamamos de "traçar um paralelo". Exemplo: "É possível traçar um paralelo entre a produção de 'comunidades nacionais imaginárias', nos termos de Benedict Anderson, na Europa do século 19, em torno da imprensa escrita, e a novela no Brasil. Novela é torcida. Ao expressarem seu conhecimento e opinião sobre o que se passa na novela, os telespectadores demonstram que estão 'por dentro'. Repertório comum a pessoas dos mais diversos tipos e cores, as novelas constituem material privilegiado para o tratamento de assuntos polêmicos" (Esther Hamburger, 16/9/2000 – *Folha de S.Paulo*). A autora discorreu sobre a novela brasileira, assunto bastante conhecido dos leitores, para elucidar um tema menos corrente.

Arcaísmo Termos, expressões ou mesmo construções sintáticas cujo uso deixa de ser observado na língua atual são chamados arcaísmos. Embora possam ser úteis para evocar uma atmosfera do passado em situações específicas, tendem a deixar o texto obscuro ou a conferir-lhe certo estilo pretensioso. Alguns exemplos de arcaísmo: à guisa de ("à maneira de"), adrede ("propositadamente"), quiçá ("talvez"), soer ("costumar"), a toda a brida ("em disparada"), à puridade ("em segredo").

Argumento O argumento é uma proposição que se presta a levar à admissão de outras. É o recurso que se emprega para convencer alguém a mudar de opinião ou de comportamento.

Argumento de autoridade Fazer uso do argumento de autoridade consiste em invocar o pensamento de uma autoridade, ou seja, a opinião de alguém cujo saber é notório e socialmente reconhecido.

Argumento de consenso O argumento de consenso é aquele que se fundamenta na opinião corrente. Como não suscita réplica, pode ser usado para angariar a simpatia do leitor e para alicerçar outros argumentos. Exemplos: "Todo aquele que preza os princípios democráticos recusa a ideia de censura à liberdade de expressão"; "Todos sabemos que a televisão exerce importante papel na formação de crianças e jovens nas sociedades contemporâneas e, por isso, cabe a ela zelar pela qualidade de sua programação".

Atenuação Os recursos de atenuação são usados no processo de refutação dos argumentos contrários à tese que se pretende defender. Seu emprego contribui para aumentar a credibilidade do texto, pois demonstra que o redator respeita os argumentos alheios e é capaz de analisar os fatos com ponderação. As expressões de concessão são adequadas a esse fim. Exemplos: "Se bem que, em parte, isso seja verdadeiro, ..."; "Mesmo levando em consideração tais fatores, ..."; "Ainda que se possa conjecturar sobre isso, ..."; "Embora isso, de fato, ocorra, ..." V. refutação.

C

Cacófato Chama-se cacófato a palavra ou expressão obscena ou fora de contexto que resulta da junção da sílaba final de uma palavra com a inicial de outra. Exemplos: "Governo confisca gado..."; "O cantor havia dado entrevista..." etc.

Calão Calão é o nome que se dá à gíria de caráter mais secreto, que geralmente constitui o linguajar próprio de certo meio (prisão, colégio, quartel etc.). Diz-se também (por redundância intensiva) "baixo calão", sempre com o sentido pejorativo de linguagem rude ou grosseira. Seu uso deve ser evitado em textos formais.

Carta A carta é um tipo de texto que se caracteriza por ser dirigido a um interlocutor particular. A carta como modalidade de redação exigida em exames vestibulares destina-se normalmente a um interlocutor conhecido do público (em geral, uma autoridade ou pessoa de influência na sociedade) e procura tratar de um tema da atualidade. De modelo dissertativo, exige do redator um posicionamento claro sobre o tema e uma argumentação explícita em favor da defesa de seu ponto de vista. Como o texto é dirigido a alguém em particular, cabe ao redator encontrar o tom e os argumentos mais adequados ao tratamento da pessoa. Conhecer previamente as ideias do interlocutor é fundamental para que se possa definir uma estratégia de argumentação. Esse tipo de texto dispensa o título. Em seu lugar, porém, deve ser usado um vocativo, ou seja, o termo que indica a quem se dirige a carta (nome da pessoa normalmente antecedido de algum pronome de tratamento).

Catacrese A catacrese é uma espécie de metáfora obrigatória. Surge, na maioria das vezes, por uma necessidade vocabular e nasce de um princípio analógico. É bastante comum na linguagem cotidiana e, não raro, está associada a partes do corpo humano. Exemplos: orelha de livro, pé de mesa, pescoço da garrafa, boca do túnel, olho do furacão etc. Geralmente constitui um registro informal que substitui termos da linguagem científica. Exemplos: barriga da perna ("panturrilha"), céu da boca ("palato").

Círculo vicioso V. raciocínio circular ou petição de princípio.

Clareza A inteligibilidade de um texto depende de várias circunstâncias, entre as quais o emprego do vocabulário, a escolha da ordem dos termos na frase e o uso dos elementos de coesão. O resultado da organização precisa do raciocínio é a clareza. O seguinte texto, que foi objeto de uma questão de vestibular, exemplifica a falta de clareza: "As videolocadoras de São Carlos estão escondendo suas fitas de sexo explícito. A decisão atende a uma portaria de dezembro de 1991, do Juizado de Menores, que proíbe que as casas de vídeo aluguem, exponham e vendam fitas pornográficas a menores de 18 anos. A portaria proíbe ainda os menores de 18 anos de irem a motéis e rodeios sem a companhia ou autorização dos pais. ("Folha Sudeste", 6/6/1992). O último período do texto exprime algo diverso daquilo que o autor desejava dizer – afinal, dificilmente os jovens iriam a motéis com a companhia ou com a autorização dos pais.

Clichês Os clichês ou lugares-comuns são expressões largamente empregadas que, em geral, reproduzem ideias prontas. Seu uso desvaloriza o texto, dando-lhe a impressão de falta de originalidade e de ausência de reflexão sobre o tema. Essas "fórmulas" de construção, de tão desgastadas pela repetição, acabam por desvalorizar o texto. Exemplos: "fechar com chave de ouro", "encontrar uma luz no fim do túnel", "do Oiapoque ao Chuí", "ter direito a um lugar ao sol", "o fantasma da inflação", "a novela do aumento do salário mínimo", "o D da DPZ", definições de dicionário introduzidas por "segundo mestre Aurélio..." etc. Constituem uma modalidade de clichê as chamadas séries usuais, que são sequências de palavras que sempre se repetem. Exemplos: "silêncio sepulcral", "nobre colega", "ilustre deputado", "óbvio ululante", "longo e tenebroso inverno", "gravemente doente", "mortalmente ferido", "corpo escultural", "lauto jantar", "honroso convite" etc. É bem verdade, todavia, que, com criatividade, é possível empregar essas expressões em contextos humorísticos ou irônicos.

Coerência A coerência é o substrato lógico do texto. É o conjunto de relações sintático-semânticas que unem as partes de um texto. O texto é coerente quando não há incompatibilidade entre as suas partes.

Coesão A coesão é a ligação de natureza gramatical (sintático-semântica) entre as partes de uma sentença ou de um texto. Expressa-se pelo uso adequado dos conectivos (preposições, conjunções e expressões de ligação). Falta coesão a um texto quando as ideias estão "soltas", não se relacionam. Os elementos de coesão são indispensáveis para estabelecer relações (de causa e efeito, de condição, de adição, de oposição, de conclusão etc.). V. coordenação e subordinação, **págs. 107 e 127.**

Coloquialismo Chama-se coloquialismo ao uso de variante linguística oral em situações de informalidade. Observa-se nas dimensões fonética, morfológica, sintática e/ou semântica. Exemplos: "é nóis na fita", "memo" (no lugar de "mesmo") etc.

Concisão A concisão é uma qualidade bastante apreciada nos textos informativos e dissertativos em geral. Trata-se da exposição das ideias com precisão e com poucas palavras.

Conclusão A conclusão é a etapa final do texto dissertativo. Nela, os argumentos anteriormente expostos devem ser devidamente sintetizados e a ideia central do texto deve ser explicitada. A conclusão deve decorrer naturalmente do que tiver sido apresentado antes. Em geral, é introduzida por expressões como: "portanto", "logo", "de modo que", "assim", "então", "por conseguinte", "por isso" etc.

Conotação A conotação é a possibilidade que têm as palavras de ampliar seus significados por meio de volteios sintáticos e semânticos. É o que se chama também de "sentido figurado".

Contra-argumento O contra-argumento é o argumento que se opõe a outro. Ao desenvolver o raciocínio, é preciso refutar os contra-argumentos.

D

Definição A definição é um recurso argumentativo por meio do qual se propõe um determinado sentido para um termo que será empregado no decorrer do texto. A definição pode ser normativa (aquela que propõe uma definição como convenção a ser seguida, em construções do tipo "o termo 'x' vai ser aqui empregado como..."), descritiva (aquela que pretende enunciar o sentido corrente do termo definido, buscando, em geral, o sentido dado pelo dicionário), condensada (aquela que se limita a enunciar características essenciais, omitindo muitos aspectos do conceito) e oratória (uma espécie de definição imperfeita, na qual o que define e o que é definido não são, de fato, permutáveis, como em "ser mãe é padecer num paraíso", tipo de construção própria para impressionar e persuadir).

Denotação Chama-se denotação à expressão do sentido estrito de uma palavra. Em textos objetivos, cujo intuito é informar com exatidão, as palavras são usadas em seu sentido denotativo.

Descrição A descrição é a representação verbal de um ser, objeto ou paisagem por meio de sua caracterização. Para fazer uma boa descrição, é importante escolher as características capazes de distinguir um ser ou objeto de outro. Convém buscar seus traços mais marcantes e agrupá-los relacionando-os de tal forma que deles resulte uma imagem singular do objeto descrito. Não é preciso enumerar todas as características de um ser para bem descrevê-lo. A exatidão e o excesso de minúcias podem até tornar o texto enfadonho. A graça da descrição está na seleção dos elementos e no arranjo que deles se faz para produzir no leitor a impressão que o objeto despertou em nossa mente.

Quanto mais aguda for a percepção de quem descreve (visual, auditiva, olfativa, tátil, gustativa), mais precisa será a descrição. Mas não são apenas as características físicas do objeto que devem ser levadas em conta. Se se tratar da descrição de uma pessoa, os traços psicológicos serão igualmente importantes na composição do seu perfil.

As impressões sugeridas pela observação de quem escreve também podem ser incorporadas ao texto, que, dessa forma, ganha aspectos subjetivos. É possível mesclar os aspectos objetivos com os subjetivos, tornando o texto mais pessoal.

O texto descritivo pode estar inserido em uma narração ou crônica e, nesse caso, a sua inserção pode servir para reforçar algum aspecto daquilo que está sendo contado.

Desenvolvimento O desenvolvimento é o corpo do texto, a parte da dissertação em que se organizam em sequência as ideias. Ao desenvolver uma exposição, convém dividir o assunto em partes para melhor analisá-lo; ao desenvolver uma argumentação, o importante é buscar as causas e as consequências do problema em questão, fazendo associações e estabelecendo relações pertinentes entre as ideias.

Diálogo V. discurso direto.

Digressão A digressão é um desvio do assunto, geralmente caracterizado por uma breve narrativa ou descrição viva. É um recurso comum na oratória, quando tem por finalidade distrair a plateia ou ainda comovê-la ou indigná-la antes da fase final do discurso. Machado de Assis fez largo uso da digressão em seus romances, desviando-se do assunto principal e levando o leitor a fazer reflexões. A quebra da sequência narrativa cria certo distanciamento entre o leitor e aquilo que lê. Para usar a digressão, é preciso ter bastante domínio da técnica. Em textos curtos, não é recomendada. Nas dissertações, muitas vezes se configura como fuga do tema em questão e, nesse caso, deve ser evitada para que o texto não perca a unidade.

Discurso direto Chama-se discurso direto a reprodução da fala da personagem. O recurso é próprio dos textos narrativos e pode tornar-se particularmente fecundo como modo de caracterização de personagens. Exemplos: "– Uai, tão falante, Tatarana? Quem te veja... – me perguntaram; o Alaripe perguntou." (*Grande Sertão: Veredas*, Guimarães Rosa); "– Não foi você que me chamou?".

Discurso indireto Chama-se discurso indireto a transmissão da fala da personagem (ou de seu pensamento) por intermédio do narrador. Empregam-se nesse caso os verbos de elocução (verbos dicendi). Exemplo: "Ela perguntou-lhe se ele não a havia chamado".

Discurso indireto livre O discurso indireto livre é um discurso do narrador que incorpora sem interrupções, sem verbos dicendi, o pensamento da personagem. Exemplo: "Se não fosse isso... An! Em que estava pensando? Meteu os olhos pela grade da rua. Chi! Que pretume! O lampião da esquina se apagara, provavelmente o homem da escada só botara nele meio quarteirão de querosene" (*Vidas Secas,* Graciliano Ramos). Observe que os pensamentos da personagem aparecem mesclados ao discurso do narrador (não há conectivos nem verbos de elocução).

Dissertação A dissertação é o tipo de texto cujo intuito é a exposição ou explanação de ideias. Entretanto, quando essas ideias representam um ponto de vista particular sobre um tema, passível de ser provado, o texto é opinativo e, portanto, argumentativo. Caberá, nesse caso, ao redator organizar as ideias secundárias de tal modo que validem a ideia central. A dissertação estrutura-se em três blocos: introdução, desenvolvimento e conclusão.

Se o texto for apenas expositivo, a introdução servirá para a apresentação do assunto em linhas gerais; o desenvolvimento comportará as ideias secundárias e as subdivisões do assunto, bem como as minúcias necessárias à compreensão do exposto; e a conclusão será o fechamento da apresentação, em que se deixará claro ao leitor que foram abordados todos os pontos pretendidos pelo expositor.

Se, todavia, o texto for argumentativo, conquanto a divisão entre as partes permaneça a mesma, algumas adaptações se farão necessárias. A introdução deverá apresentar não só o assunto mas também o ponto de vista do qual será abordado, o desenvolvimento deverá conter argumentos organizados segundo uma linha de raciocínio estabelecida, e a conclusão deverá confirmar a tese, proposta no início, com base nos argumentos arrolados no desenvolvimento.

E

Entimema Entimema é o nome que se dá ao silogismo truncado ou incompleto, bastante comum no dia a dia. Exemplo: "Fulano é corrupto, logo não deve ser eleito". Omitiu-se, nesse caso, a premissa maior do silogismo (de caráter universal), que fica subentendida ("Nenhum corrupto deve ser eleito").

Estrangeirismo Dá-se o nome de estrangeirismo à palavra de língua estrangeira que se mistura ao léxico do idioma. Ora mantém sua grafia original ("outdoor", "know-how" etc.), ora sofre adaptação ao vernáculo ("marrom", "garçom" ou "garção", "misse" etc.). Trata-se de um fenômeno bastante comum, que revela a comunicação entre os povos e a influência de uns sobre outros em determinadas épocas. Na verdade, funciona como uma espécie de neologismo. Há quem condene o uso exagerado dos estrangeirismos por acreditar que tais palavras descaracterizem a língua nacional. O tema tem provocado polêmica, mas é fato que as tentativas de evitar o estrangeirismo por meio da criação artificial de palavras novas têm malogrado. Veja alguns exemplos de termos criados com o intuito de banir os estrangeirismos, cuja acolhida, entretanto, não foi das melhores: "ludopédio" ("futebol"), "quebra-luz" ("abajur"), "convescote" ("piquenique"), "porta-seios" ("sutiã") etc.

Eufemismo O eufemismo é um volteio semântico que visa suavizar uma expressão indelicada ou forte ou mesmo camuflar uma ideia ou fato desagradável. Exemplos: "Repousa lá no céu eternamente" (Camões); "descansar" no lugar de "morrer"; "soropositivo" (para referir-se ao portador do vírus da Aids); "garota de programa" (no lugar de "prostituta") etc.

Exemplo A citação de exemplos é um dos recursos da argumentação. Os exemplos são fatos típicos ou representativos de uma situação. Sua eficácia como prova, entretanto, é relativa. O uso do exemplo pressupõe um tipo particular de raciocínio indutivo (diferente da indução aristotélica, na qual de uma série de exemplos particulares se chega a uma afirmação geral), em que se argumenta de particular para particular. Pode-se dizer que a exemplificação se baseia no raciocínio analógico. Os exemplos são extraídos da vida cotidiana, das notícias de jornal, da história e de narrativas ficcionais.

F

Figura de linguagem Chamamos figura de linguagem ao modo de expressão verbal que se afasta do uso comum para obter mais força, ênfase ou adequação. As figuras podem produzir alterações nos planos fonético, morfológico, sintático e semântico da linguagem.

Fuga do tema Textos elaborados como resposta a temas propostos por bancas examinadoras de concursos devem ater-se àquilo que foi solicitado. A fuga do tema determinado acarreta anulação do texto. Isso ocorre porque a abordagem do tema é um item de avaliação.

Funções da linguagem Chamamos funções da linguagem a cada uma das diversas finalidades que caracterizam um enunciado linguístico. São classificadas segundo a ênfase posta em cada um dos elementos da comunicação, que, de acordo com Roman Jakobson, são os seguintes: emissor (aquele que produz a mensagem), receptor (aquele que recebe a mensagem), mensagem (o conteúdo a ser comunicado), código (sistema de convenções que permite a comunicação), canal (meio físico que propicia a comunicação) e referente (contexto em que se insere a mensagem, expresso pelo conjunto de informações que representam o conhecimento acumulado sobre um assunto).
As funções da linguagem são: *emotiva* (ênfase no emissor), *conativa* (ênfase no receptor), *poética* (ênfase na mensagem), *metalinguística* (ênfase no código), *fática* (ênfase no canal) e *referencial* (ênfase no referente). V. verbetes específicos.

Função conativa A função conativa da linguagem está presente nos textos que enfatizam o receptor da mensagem. É a função que caracteriza, por exemplo, os textos publicitários, nos quais é frequente o uso dos verbos no modo imperativo. Exemplos: "Faz um 21!", "Experimenta!", "Obedeça sua sede!", "Beba Coca-Cola". Observe que a linguagem publicitária, por enfatizar sempre o receptor, procura empregar expressões e construções que se aproximam daquelas usadas pelo público, o que explica o coloquialismo normalmente adotado nesse tipo de discurso. Os discursos persuasivos em geral empregam a função conativa, cujas marcas são os verbos no imperativo, a presença de um vocativo e os pronomes de tratamento ou de segunda pessoa.

Função emotiva A função emotiva da linguagem está presente nos textos que privilegiam o emissor da mensagem. Centrada na primeira pessoa do discurso, caracteriza os textos marcadamente líricos, em que o poeta exprime seus sentimentos e emoções. Exemplo: "Vou-me embora pra Pasárgada/ Aqui não sou feliz" (Manuel Bandeira).

Função fática A função fática, centrada no canal de comunicação, surge nos textos em que o importante é preservar a situação de comunicação, independentemente do conteúdo a ser transmitido. Exemplo: "Olá, como vai?/ Eu vou indo e você, tudo bem?/ Tudo bem, eu vou indo, correndo..." ("Sinal Fechado", Paulinho da Viola).

Função metalinguística A função metalinguística está presente nos textos centrados no código de comunicação. É a função que se verifica nos dicionários e gramáticas, obras nas quais a língua é usada para explicitar a si própria. Exemplo: "Ateliê: oficina onde trabalham em comum certos artesãos ou operários" (*Novo Aurélio Século XXI*).

Função poética A função poética está presente nos textos em que se organiza de maneira especial a mensagem. Visando à elaboração formal do conteúdo, empregam-se os recursos de estilo. Apesar de chamar-se função poética, caracteriza não apenas os textos literários como todo e qualquer texto em que se note a preocupação com o modo de dizer algo, e não só com aquilo que se diz. Pode aparecer na literatura e também na linguagem publicitária, que faz uso de trocadilhos e de jogos de palavras. Exemplo: "...a dura poesia concreta de tuas esquinas..." ("Sampa", Caetano Veloso), em que "poesia concreta", além de ser uma alusão ao movimento literário homônimo, também chamado concretismo, é uma referência ao concreto dos edifícios da cidade de São Paulo.

Função referencial A função referencial, centrada no referente (contexto), é aquela que privilegia a informação. Está presente nos textos científicos e noticiosos. Exemplo: "A taxa de inflação dos últimos 30 dias caiu para 0,73% em São Paulo. Em setembro, tinha ficado em 0,84%. O peso menor das tarifas públicas foi um dos principais motivos dessa redução".

G

Generalização/preconceito/estereótipo A generalização excessiva deve ser evitada, pois é um procedimento de raciocínio que pode conduzir ao radicalismo. Evite construir "teses" apoiadas em estereótipos ou em afirmações preconceituosas. Exemplo: "O brasileiro é preguiçoso", "O povo não sabe votar" etc.

Gíria A gíria é a linguagem que, nascida em determinado grupo social, pode estender-se, por sua expressividade, à linguagem familiar das várias camadas sociais. Surge, a princípio, como uma linguagem restrita e funciona como fator de identidade entre os membros do grupo a que pertence. Própria do registro oral, ao qual confere vivacidade, a gíria não deve ser empregada em textos formais.

H

Hipérbole A hipérbole consiste no exagero da expressão. Exemplo: "Esperei mil anos por este dia!", "...Mais servira se não fora/ para tão longo amor tão curta a vida..." (Camões).

I

Ilustração A ilustração é um tipo particular de exemplo, cuja característica é estender-se em narrativa. Pode ser real (de fatos reais) ou hipotética. A ilustração hipotética narra o que poderia ocorrer em determinadas circunstâncias. Embora seja um produto da imaginação, deve obedecer ao princípio de verossimilhança e, naturalmente, adequar-se ao assunto em pauta.

Interrogação indireta A interrogação indireta é a pergunta no discurso indireto, isto é, como complemento de um verbo de elocução. Ao proferi-la, não usamos a entonação típica da pergunta; na grafia, não usamos o ponto de interrogação. Exemplo: "Gostaria de entender por que você agiu assim".

Interrogação retórica A interrogação retórica é uma pergunta apenas formal, cuja resposta já está dada por quem a enuncia. Na verdade, é uma maneira de afirmar perguntando. É um artifício da retórica, que se constrói, de preferência, sobre uma ideia difícil de contestar. Exemplos: "A continuarmos assim, não estaremos caminhando rumo à barbárie?"; "Não foi Machado de Assis um grande escritor?".

Intertextualidade A intertextualidade é uma espécie de diálogo entre textos consagrados no universo cultural. Exprime-se por meio da citação de um texto dentro de outro. É um recurso bastante empregado na literatura moderna. Exemplo: "De tudo quanto foi meu passo caprichoso/ na vida, restará, pois o resto se esfuma,/ uma pedra que havia no meio do caminho". Nesses versos, do poema "Legado", Drummond faz uma espécie de citação de um de seus mais conhecidos poemas ("No Meio do Caminho"). O conhecimento do texto original é fundamental para a exata compreensão do texto em que ocorre a citação.

J

Jargão O jargão é o nome que se dá à linguagem profissional. É o conjunto de termos que constituem um vocabulário específico dos profissionais de uma área. Como a gíria, deve ser evitado nos textos formais. Exemplo: "matéria" (jargão de jornalistas) etc.

L

Lítotes A lítotes é uma figura de atenuação. Caracteriza-se pela afirmação por meio da negação do contrário. Assim, por exemplo, em vez de dizer "eu gosto", diz-se "eu não desgosto"; em vez de dizer que alguém "é feio", diz-se que "não é bonito". Veja-se um exemplo de Machado de Assis, em que o narrador, ao falar de si mesmo, por modéstia, usa a lítotes para evitar o autoelogio direto: "Note-se que [eu] não era pálido nem mofino: tinha boas cores e músculos de ferro" ("Conto de Escola").

M

Metáfora e comparação A metáfora é uma espécie de comparação abreviada, da qual são suprimidos os elementos de conexão. Ao dizer-se: "Este lugar é tão frio que até parece o polo Norte", ocorre uma comparação. Mas, se na mesma situação, a frase proferida fosse "Acabo de chegar ao polo Norte", a figura de linguagem seria a metáfora. Enquanto a comparação incide sobre um só ponto (o frio que caracteriza a região polar), a metáfora, por não delimitar o raio de ação de sua significação, permite mais interpretações (lugar frio, solitário, claro etc.). Outro exemplo: "A moça é bela como uma flor" (a comparação focalizou apenas a beleza como característica da moça e da flor); "A moça é uma flor" (a metáfora permite uma apreensão mais ampla do ser, evocando as ideias de beleza, delicadeza, aroma agradável, fragilidade etc.).

Metalinguagem A metalinguagem é a linguagem empregada para descrever outra linguagem ou qualquer sistema de significação. Diz-se que um texto é metalinguístico quando se volta para si mesmo. Exemplo: "Algum tempo hesitei se devia abrir estas memórias pelo princípio ou pelo fim, isto é, se poria em primeiro lugar o meu nascimento ou a minha morte" (trecho inicial do romance *Memórias Póstumas de Brás Cubas*, de Machado de Assis, em que o narrador discorre sobre a forma como escreveu suas memórias). Na verdade, é como se o próprio autor dialogasse com o leitor sobre a estrutura da obra. Esse recurso produz certo distanciamento do leitor em relação à história que está sendo narrada, motivo pelo qual foi largamente usado pelos escritores modernistas, que desejavam criar um novo tipo de público para a literatura (um público mais consciente, que fosse capaz de distinguir a ficção da realidade). V. funções da linguagem e função metalinguística.

Metonímia e sinédoque A metonímia é uma figura de substituição. Uma palavra é substituída por outra em razão de ter com ela uma relação de vizinhança ou de contiguidade. Trata-se de uma associação objetiva, e a alteração de significado é oriunda de uma espécie de deslocamento da referência, geralmente explicável por elipse. Exemplo: "Nunca leu Camões" (as obras de Camões). Há autores que distinguem a metonímia da sinédoque. Esta se refere exclusivamente à relação entre o todo e suas partes. Exemplo: "Não tinha um teto para morar" ("teto" é usado no lugar de "casa", ou seja, a parte está empregada no lugar do todo).

Modismo O modismo é uma espécie de lugar-comum, um tipo de expressão que passa a ser usado intensamente em dado momento – geralmente por influência de meios de comunicação de massa – e que soa como uma frase feita, motivo pelo qual seu uso não é recomendado em textos formais. Exemplos: "show de bola", "correr atrás do prejuízo", "a mil", "vale a pena conferir", "disparar" (no sentido de "afirmar") etc. Claro está que, com criatividade, é possível fazer uso estilístico de qualquer expressão e, num texto narrativo, por exemplo, a linguagem de um personagem é um elemento importante de sua caracterização.

N

Narração A narração é o texto que se organiza em torno de um fato. Além do fato principal e da sequência de ações que o desencadeiam (enredo), possui como elementos essenciais o tempo (época e/ou duração dos acontecimentos), o espaço (lugar onde se desenrolam as ações), as personagens (seres que realizam as ações) e o narrador (aquele que conta a história).

A crítica contemporânea procurou estabelecer certas convenções que demonstrassem a organização subjacente às diversas situações narrativas e chegou, assim, a uma espécie de modelo, segundo o qual a narrativa parte de uma ordem existente, que é perturbada e que se transforma em uma nova ordem. As personagens podem esquematizar-se como a vítima (é quem sofre a perturbação), o vilão (é quem provoca a perturbação) e o herói (é o responsável pelo restabelecimento da ordem). Podem existir personagens secundárias, que serão adjuvantes (ajudarão o herói) ou oponentes (ajudarão o vilão ou farão oposição ao herói).

De suma importância para a narrativa é o narrador (que pode participar da história como personagem, que pode ser um observador imparcial dos acontecimentos ou que pode, sem participar da história, ser onisciente, ou seja, conhecer os fatos e as personagens profundamente). O narrador é reconhecido na organização do texto, isto é, na escolha da ordem de apresentação dos fatos e das personagens e na definição do tom da narrativa. E, muitas vezes, a história vale mais pelo seu modo de apresentação do que pelo que é em si mesma. Por isso, ao contar uma história, é preciso levar em consideração não só os elementos da ficção mas outras variáveis, como quem conta a história, a quem a história é contada (existe um destinatário específico?), de que maneira é contada (em que ordem os fatos são apresentados, em que tom, de que ponto de vista etc.) e por que é contada (serve a algum objetivo – moral, filosófico, estético, político etc.?).

Neologismo O neologismo é a palavra nova, que surge em geral para denominar um novo objeto, conceito ou prática. Na maior parte das vezes, não é uma palavra totalmente nova, mas uma adaptação de termos já existentes, feita segundo os processos usuais da língua. Na economia, por exemplo, o verbo "dolarizar". O neologismo também pode ocorrer pela inovação do significado de uma palavra já existente ("zebra" como resultado imprevisto, por exemplo). Escritores, por vezes, criam palavras novas cujo uso, entretanto não se propaga. É o caso de Guimarães Rosa, que desenvolveu em sua obra uma linguagem particular.

O

Oximoro O oximoro é a figura que consiste na reunião de termos contraditórios. Exemplo: "Amor.../ É um contentamento descontente" (Camões).

P

Palavra de aviso Chama-se palavra de aviso o termo que avisa ao leitor que o texto está começando ou terminando. Normalmente usada pelo redator principiante, revela certa dificuldade de estabelecer relações pertinentes entre as partes do texto. Exemplos: "Para começar...", "Finalizando...".

Paradoxo O paradoxo, para a lógica, constitui uma contradição insolúvel. Um bom exemplo disso está no paradoxo do mentiroso, atribuído a Eubúlides de Mileto (séc. IV a.C.): se alguém afirma "eu minto" e o que diz é verdade, a afirmação é falsa; se o que diz é falso, a afirmação é verdadeira e, por isso, novamente falsa. (Pode-se, assim, concluir que uma afirmação é, ao mesmo tempo, verdadeira e falsa; ou continuar indefinidamente por recorrência a concluir ora que é falsa, ora que é verdadeira.)

Paráfrase A paráfrase é um texto paralelo a outro. Diz o mesmo que outro, porém com outras palavras. Pode ser mais extenso ou mais breve que o original.

Parágrafo O parágrafo é uma unidade de texto constituída de um ou mais períodos. Em geral, contém uma ideia principal seguida de ideias secundárias intrinsecamente ligadas a ela pelo sentido. Na página impressa, deve ser indicado por um ligeiro afastamento da margem esquerda da folha, o que facilita a leitura do texto. A divisão do texto em parágrafos contribui para a sua organização. O redator pode, assim, separar as ideias para, depois, agrupá-las da maneira mais conveniente. A extensão do parágrafo depende da divisão do assunto.

Perífrase A perífrase é um rodeio, uma espécie de circunlóquio, por meio do qual se substitui um termo por uma expressão ou frase. É útil para evitar repetições desnecessárias. Exemplo: "Edmundo *balançou a rede* duas vezes no jogo" (= fez gol).

Pleonasmo O pleonasmo é uma figura de linguagem que se caracteriza pela expressão redundante e enfática de uma ideia. O termo também se aplica ao uso inútil de certas palavras ou expressões. Cumpre, portanto, distinguir as situações em que seu uso é estilístico daquelas em que é resultado de distração. São normalmente apreciados tanto o pleonasmo sintático (aquele em que se repete, em geral, um objeto direto ou indireto) – por exemplo, "*A mim* não *me* parece adequado esse comportamento" – como construções do tipo "Vi com meus próprios olhos", "Riu seu riso engraçado". É, entretanto, condenado o uso de expressões como "entrar para dentro", "sair para fora", "unanimidade de todos", "quorum mínimo", "hemorragia de sangue", "teto máximo" (de salário), entre muitas outras, que são fruto antes do descuido que da intenção de enfatizar uma ideia.

Polissemia Dá-se o nome de polissemia à multiplicidade de sentidos de uma palavra. É um fenômeno bastante comum e, geralmente, origina-se dos usos figurados (metáfora, metonímia, analogia etc.) ou de empréstimo de significado que a palavra tem em outra língua.

Posicionamento crítico Espera-se sempre que o redator apresente posicionamento crítico em relação à matéria que aprecia. Posicionar-se de maneira crítica não significa "dizer mal" de algo ou de alguém. Criticar significa analisar os vários aspectos de um assunto e ir além das simples constatações.

Preciosismo Chama-se preciosismo à preocupação desmedida com a "elegância" das palavras. Traduz-se em um estilo afetado, artificial, marcado pela presença ostensiva de termos raros. Exemplos: "colóquio" ("conversa"), "plúmbeo" ("cinzento"), "jucundo" ("alegre") etc. É claro que termos como esses podem e devem ser empregados, mas em situações em que não soem como simples maneirismo para impressionar o leitor. V. arcaísmo.

Preterição A preterição é uma figura própria da argumentação, que consiste em anunciar que não se vai dizer o que se está dizendo. Exemplo: "Custa-me dizer que eu era dos mais adiantados da escola; mas era. Não digo também que era dos mais inteligentes, por um escrúpulo fácil de entender e de excelente efeito no estilo, mas não tenho outra convicção" ("Conto de Escola", Machado de Assis).

R

Raciocínio circular ou petição de princípio O raciocínio circular ou petição de princípio é uma espécie de argumento vazio. É um raciocínio vicioso em que se apresenta uma declaração como prova de si mesma, isto é, em que se toma como demonstrado aquilo que se pretende demonstrar. Dessa maneira, dá-se por verdadeiro exatamente aquilo que está em discussão. Exemplo: "Beber em excesso faz mal à saúde porque prejudica o organismo".

Chama-se círculo vicioso a dupla petição de princípio, isto é, a construção em que se dá a inversão das relações de causa e efeito: o que é apresentado como causa na primeira sentença é transformado em efeito na segunda, e o que era efeito na primeira torna-se causa na segunda.

Um bom exemplo desse tipo de raciocínio está no slogan divulgado em uma antiga campanha publicitária de uma conhecida marca de biscoitos em que se perguntava: "O biscoito X vende mais porque está sempre fresquinho ou está sempre fresquinho porque vende mais?". Ora, explicitando a organização do raciocínio, temos o seguinte:

1ª sentença: "Esse biscoito vende mais [efeito] porque está sempre fresquinho [causa]";

2ª sentença: "Esse biscoito está sempre fresquinho [efeito] porque vende mais [causa]".

Trata-se de um raciocínio fechado sobre si mesmo, que não se desenvolve. A campanha publicitária fez um uso eficaz do círculo vicioso, criando um efeito de humor e realçando as características positivas do produto (está sempre fresquinho e tem mais aceitação popular que os concorrentes).

Raciocínio dedutivo O raciocínio dedutivo é aquele que parte da generalização para a especificação (do geral para o particular). Deduzir é raciocinar *a priori*, isto é, sem ter vínculo com a experiência. É partir da causa para o efeito. A expressão formal do método dedutivo é o silogismo, raciocínio lógico composto de duas premissas (maior e menor) que levam a uma conclusão. V. silogismo.

Raciocínio indutivo O raciocínio indutivo é aquele que parte do que é específico para chegar ao que é geral. Com base em fatos singulares, busca-se uma conclusão de caráter geral. Induzir é generalizar, é raciocinar *a posteriori*, isto é, com base na experiência. O raciocínio indutivo parte do efeito para a causa.

Redundância A redundância consiste na repetição de pormenores já implícitos no texto, enfim, na falta de concisão e de objetividade. Exemplo: "De acordo com a vontade unânime de todos os implicados na questão, fica estabelecido que a introdução e a incorporação de novos itens ao regulamento obedecerá a critérios a serem definidos oportunamente". Observe que "unânime" é aquilo que se refere a "todos"; a palavra "incorporação" também é desnecessária, já que pouco acrescenta à ideia de "introdução"; o termo "novos" é igualmente dispensável, pois subentende-se que itens a serem introduzidos sejam necessariamente "novos". O texto poderia, então, ser resumido assim: "De acordo com a vontade de todos os implicados na questão, fica estabelecido que a introdução de itens ao regulamento será objeto de uma próxima discussão".

Refutação A refutação é o procedimento de contestação ou réplica dos argumentos contrários. É parte fundamental de textos argumentativos. Podem-se refutar os argumentos contrários a uma tese de diversas maneiras – em geral, pela desqualificação do seu autor (contestação de argumento de autoridade) ou pela desvalorização de seu conteúdo. Embora a refutação de argumentos esteja sujeita a circunstâncias várias, há certos procedimentos que costumam ser aplicáveis à maioria das situações. Por exemplo, é interessante refutar primeiro o argumento mais forte do oponente, bem como identificar os pontos fracos da argumentação alheia e atacá-los. Igualmente recomendável é a técnica de levar os argumentos contrários às últimas consequências. Aceitar os fatos, mas demonstrar que foram mal empregados, identificar um defeito no raciocínio do oponente, citar exemplos que provem o contrário do que diz o adversário e questionar a autoridade do argumento alheio encontrando outra autoridade que diga exatamente o contrário do que disse a primeira são alguns dos recursos próprios da refutação.

Retórica A retórica é o estudo do uso persuasivo da linguagem. Trata-se de uma disciplina que nasceu na Antiguidade e que se divide em cinco partes: invenção (descoberta dos argumentos), disposição (arranjo das ideias), elocução (descoberta da expressão apropriada para cada ideia, o que inclui o estudo das figuras de linguagem), memória (memorização do discurso) e ação (apresentação oral para uma plateia). No decorrer da história, adquiriu várias interpretações, e há quem associe o termo, pejorativamente, a discurso vazio e excessivamente ornamentado. Hoje, seu estudo volta a ser valorizado e associado à interpretação de muitos dos discursos da atualidade (político, publicitário, religioso, estético etc.).

S

Semântica A semântica é a parte da gramática que estuda a significação das palavras.

Sensacionalismo O sensacionalismo é a divulgação e a exploração, em tom espalhafatoso, de reportagens capazes de emocionar ou escandalizar a opinião pública. Nos textos dissertativos e argumentativos, deve ser evitado o tom sensacionalista, pois o apelo àquilo que é chocante, bizarro ou exótico demonstra falta de seriedade e reduz a credibilidade do autor. O discurso que se deixa levar pela emoção exagerada é qualificado de "piegas". A pieguice (ou pieguismo) desvaloriza a argumentação.

Silogismo O silogismo é um raciocínio dedutivo que se organiza com base em duas premissas que conduzem a uma conclusão. A primeira delas é a premissa maior, de caráter universal; a segunda é a premissa menor, de caráter particular. Entre elas deve haver um termo comum (que esteja no sujeito da primeira e no predicado da segunda), chamado termo médio. Exemplo: 1. Todo homem é mortal. (premissa maior/universal); 2. Ora, Sócrates é um homem. (premissa menor/particular); 3. Logo Sócrates é mortal. (conclusão). O termo médio é "homem".

Simplismo O simplismo é um vício de raciocínio que consiste em ignorar ou desprezar elementos essenciais da questão. Incorre em simplismo todo aquele que apresenta em sua dissertação apenas um lado de um tema polêmico. Por exemplo, ao defender a obrigatoriedade do voto, não basta arrolar os argumentos favoráveis a ela. É preciso mostrar também quais são os argumentos contrários a essa ideia. O trabalho do redator será valorizar os argumentos favoráveis ao seu ponto de vista e desvalorizar os demais, sem jamais ignorá-los.

Sofisma O sofisma é o raciocínio falacioso ou falso, normalmente construído com a intenção de enganar. A lógica divide os sofismas em formais (aqueles cujo erro resulta de um vício de forma) e materiais (aqueles cujo erro resulta de um engano na apreciação dos fatos). É chamado paralogismo o sofisma que não tem o propósito de enganar.

T

Tautologia O termo "tautologia" designa um tipo de construção (de uso desaconselhável) em que se diz a mesma coisa de maneiras diferentes. Exemplo: "Não é permitida a entrada de estranhos, sendo terminantemente proibida a permanência de não sócios no local". Do ponto de vista filosófico, a tautologia é um truísmo, ou seja, uma verdade evidente, que não precisa ser enunciada. No domínio da retórica, o termo refere-se ao procedimento de definir alguma coisa por meio de si mesma. Exemplo: "Ora, o capital é o capital, são as leis do mercado". Em certas circunstâncias, o que se emprega é a tautologia falsa (ou pseudotautologia), em que um termo é definido por si mesmo, mas com alguma alteração de significado. Exemplo: "Mãe é mãe", em que o atributo (a palavra "mãe" no predicado) é tomado em sentido conotativo (alguém que perdoa, que protege, que cuida etc.).

Tese ou introdução Chamamos tese ou introdução à parte inicial do texto dissertativo, em que se apresenta o ponto de vista a ser desenvolvido acerca de um tema. É importante num texto argumentativo que a tese seja original ou, pelo menos, que não se esgote na simples constatação dos fatos.

Título O título é a designação que se põe no início do texto. Deve expressar de maneira sintética e, se possível, original a ideia mais importante do texto. Nos textos jornalísticos, os títulos são chamados de manchetes e obedecem a critérios próprios (por exemplo, devem conter uma forma verbal, que esteja, de preferência, no tempo presente e na voz ativa). O título é parte do texto. Cabe ao autor usar a criatividade ao elaborá-lo a fim de chamar a atenção do leitor.

Trocadilho O trocadilho é o jogo de palavras, geralmente espirituoso, que se faz para obter um efeito expressivo. É um recurso típico da linguagem publicitária e do texto humorístico. Um exemplo bastante conhecido de trocadilho é o que se segue, retirado do "Sermão da Sexagésima", obra do padre António Vieira: "Ah! dia do juízo! Ah! pregadores! Os de cá, achar-vos-eis com mais *paço*, os de lá, com mais *passos*..." Aqui o orador tirou partido da aproximação de palavras homônimas e conseguiu, com isso, fazer uma crítica aos pregadores que declamavam seus sermões nos palácios (paços) em vez de ir mais longe (mais passos), fazendo o trabalho de catequese.

U

Unidade A unidade consiste em apresentar uma ideia de cada vez, omitindo-se aquilo que não se relaciona diretamente com o assunto. As relações entre a ideia principal e as secundárias devem ser claras. Em outras palavras, para conseguir unidade, devem-se evitar as digressões.

V

Verossimilhança A verossimilhança é o princípio da coerência interna de uma narrativa no que concerne às personagens, às ações e à sequência em que se organiza o texto. A verossimilhança é o que permite ao leitor aceitar como legítimos os fatos narrados.

Vocabulário O vocabulário é o conjunto das palavras de uma língua. Cada falante, entretanto, detém apenas uma parte dele. O termo designa também as palavras próprias de uma área específica do saber (o vocabulário da área jurídica, o vocabulário da sociologia). O ideal quanto ao emprego das palavras é buscar aquelas que exprimem com mais precisão as ideias. A seleção vocabular também está ligada à intenção e à ideologia do texto. Exemplos: o movimento militar de 1964 no Brasil é chamado de "golpe de 1964" por quem o reprova e de "revolução de 1964" por quem o aprova; Fidel Castro é chamado de "presidente" por aqueles que simpatizam com ele e com o regime de Cuba, mas de "ditador" por aqueles que reprovam a ele e ao regime político que representa.

Z

Zeugma Palavra de origem grega que designa uma figura de linguagem caracterizada pela elipse de um termo mencionado anteriormente. O zeugma é assinalado com uma vírgula. Exemplo: "Ele toca violão; ela, piano". A vírgula substitui a forma verbal "toca" na segunda oração. O recurso é útil para evitar a repetição de palavras.

Bibliografia

ARISTÓTELES. *Arte Retórica e Arte Poética*. Trad. Antônio Pinto de Carvalho. Rio de Janeiro, Ediouro, s.d.

BECHARA, Evanildo. *Moderna Gramática Portuguesa*. 37. ed. revista e ampliada. Rio de Janeiro, Lucerna, 1999.

BRANDÃO, Roberto de Oliveira. *As Figuras de Linguagem*. São Paulo, Ática, 1989.

CARONE, Flávia de Barros. *Morfossintaxe*. 2. ed. São Paulo, Ática, 1988.

_____. *Subordinação e Coordenação: Confrontos e Contrastes*. 3. ed. São Paulo, Ática, 1993.

CUNHA, Celso Ferreira da e CINTRA, Luís Felipe Lindley. *Nova Gramática do Português Contemporâneo*. 2. ed. Rio de Janeiro, Nova Fronteira, 1985.

FERREIRA, Aurélio Buarque de Hollanda. *Novo Aurélio Século XXI: O Dicionário da Língua Portuguesa*. 3. ed. Rio de Janeiro, Nova Fronteira, 1999.

FOLHA DE S.PAULO. *Manual da Redação*. Ed. rev. e atualizada. São Paulo, Publifolha, 2001.

GARCIA, Othon Moacyr. *Comunicação em Prosa Moderna*. 16. ed. Rio de Janeiro, Ed. da FGV, 1995.

GUIMARÃES, Elisa. *A Articulação do Texto*. São Paulo, Ática, 1990.

HOUAISS, Antônio e VILLAR, Mauro de Salles. *Dicionário Houaiss da Língua Portuguesa*. Rio de Janeiro, Objetiva, 2001.

KURY, Adriano da Gama. *Novas Lições de Análise Sintática*. São Paulo, Ática, 1990.

LAPA, Manuel Rodrigues. *Estilística da Língua Portuguesa*. 11. ed. rev. pelo autor, 1. ed. bras. São Paulo, Martins Fontes, 1982.

LUFT, Celso Pedro. *Dicionário de Regência Nominal*. 3. ed. São Paulo, Ática, 1998.

_____. *Dicionário de Regência Verbal*. 7. ed. São Paulo, Ática, 1999.

MARTINS, Nilce Sant'Anna. *Introdução à Estilística*. São Paulo, T.A. Queiroz/Edusp, 1989.

MAURER JR., Theodoro Henrique. *O Infinitivo Flexionado Português: Estudo Histórico-descritivo*. São Paulo, Nacional/Edusp, 1968.

MESQUITA, Samira Nahid de. *O Enredo*. São Paulo, Ática, 1986.

MONTEIRO, José Lemos. *A Estilística*. São Paulo, Ática, 1991.

PRETI, Dino. *A Gíria e Outros Temas*. São Paulo, T.A. Queiroz/Edusp, 1984.

REBOUL, Olivier. *Introdução à Retórica*. Trad. Ivone Castilho Benedetti. 1. ed. São Paulo, Martins Fontes, 1998.

ROCHA LIMA, Carlos Henrique da. *Gramática Normativa da Língua Portuguesa*, 34. ed. Rio de Janeiro, José Olympio, 1997.

TRINGALI, Dante. *Introdução à Retórica: a Retórica como Crítica Literária*. São Paulo, Duas Cidades, 1988.

VANOYE, Francis. *Usos da Linguagem: Problemas e Técnicas na Produção Oral e Escrita*. Trad. e adaptação de Clarisse Madureira Sabóia. 7. ed. São Paulo, Martins Fontes, 1987.

XAVIER, Ronaldo Caldeira. *Português no Direito*. 13. ed. Rio de Janeiro, Forense, 1994.

Índice remissivo

Agradecimentos

Agradecemos aos seguintes leitores do caderno "Fovest", da *Folha de S.Paulo*, autores das redações selecionadas para a elaboração deste livro:

Aline Yumi Ushirobira Shiromaru, Carina Gomes de Oliveira, Cíntia Tiemi Sigaki Ito, Fernanda Ikedo, Geovane Teixeira da Cruz, Glauco Maximiano de Campos, Gledson do Nascimento Bezerra, Guilherme Teno Castilho Missali, Gustavo Takeshy Taniguti, Heloísa Balan Assalin, Julia Lorena Bezerra, Juliana Lima Nascimento, Karen Sztokfisz, Luiz Augusto Manfré, Mariene da Graça Torres, Marina Motta Camargo, Patrícia Akemi, Paulo David Bronzatto Parente, Paulo Gama de Macedo Fernandes, Renata Pereira Pinto e Rosana Ferreira Santos.

A Vanessa Alves Baptista, que, editora do caderno "Fovest" à época do surgimento deste livro, idealizou a seção *Redação do Leitor*, a Alessandra Balles Cestarolli, que, também editora, manteve e estimulou o projeto, a Fabiana Rewald, atual editora do caderno, que vem apoiando a ideia com muito entusiasmo, e a Luiz Antonio Del Tedesco, editor do "Painel do Leitor", que sempre contribuiu com preciosas informações sobre os temas mais debatidos pelos leitores da **Folha**.